MEU LIVRO DE ORAÇÕES

Dados Internacionais de Catalogação na Publicação (CIP)
(Câmara Brasileira do Livro, SP, Brasil)

Grün, Anselm
  Meu livro de orações / Anselm Grün ;
tradução de Monika Müller. – Petrópolis, RJ :
Vozes, 2015.
  Título original : Mein Gebetbuch
  ISBN 978-85-326-4972-0
  1. Fé 2. Orações 3. Vida cristã I. Título.

15-00119   CDD-242

Índices para catálogo sistemático:
1. Orações : Cristianismo   242

Anselm Grün

MEU LIVRO DE ORAÇÕES

Tradução de Monika Müller

2ª Reimpressão
Junho/2016

Petrópolis

© 2010 by Vier-Türme GmbH, Verlag, D-97359 Münsterschwarzach Abtei

Título do original em alemão: *Mein Gebetbuch*

As passagens bíblicas foram citadas conforme a Bíblia Sagrada, © 1982, 2001,
50ª ed. Editora Vozes Ltda.

Direitos de publicação em língua portuguesa – Brasil:
2015, Editora Vozes Ltda.
Rua Frei Luís, 100
25689-900 Petrópolis, RJ
www.vozes.com.br
Brasil

Todos os direitos reservados. Nenhuma parte desta obra poderá ser reproduzida
ou transmitida por qualquer forma e/ou quaisquer meios (eletrônico ou
mecânico, incluindo fotocópia e gravação) ou arquivada em qualquer sistema
ou banco de dados sem permissão escrita da editora.

Diretor editorial
Frei Antônio Moser

Editores
Aline dos Santos Carneiro
José Maria da Silva
Lídio Peretti
Marilac Loraine Oleniki

Secretário executivo
João Batista Kreuch

Editoração: Maria da Conceição B. de Sousa
Diagramação: Sheilandre Desenv. Gráfico
Capa e ilustração de capa: Cláudio Pastro

ISBN 978-85-326-4972-0 (Brasil)
ISBN 978-3-89680-450-1 (Alemanha)

Editado conforme o novo acordo ortográfico.

Este livro foi composto e impresso pela Editora Vozes Ltda.

Sumário

Introdução – Orai sem cessar!, 7

Orar com Salmos, 9

Orações em louvor a Deus, 31

Orações de grandes pessoas, 43

Orações para todo o dia, 75

Orar em família e com crianças, 97

Alegria e sofrimento – Orações em situações especiais, 113

Orações na meditação cotidiana, 149

Orações em diversos locais, 163

Orações no ciclo do ano, 181

Orar com São Bento de Núrsia, 223

Orar ao Deus Trino, 229

Orações de bênção, 243

Índice, 257

Introdução
Orai sem cessar!

São Bento exortou a nós monges para que rezássemos continuadamente, da maneira como Paulo escreve aos tessalonicenses: "Orai sem cessar! (Ts 5,17).

São Bento deu à oração contínua uma estrutura clara. Sete vezes ao dia e, no meio da noite, os monges devem reunir-se para a oração conjunta.

Eles devem louvar a Deus e rezar, pelo mundo inteiro, em comunhão com Jesus Cristo, os Salmos que Jesus rezou aqui na terra. São Bento denomina a oração em conjunto *opus dei*: Obra Divina. Deus, Ele próprio, age em nós na oração. Ele nos transforma, através de seu Espírito Santo, cada vez mais na figura de Jesus Cristo que, através de nossa oração, resplandece aqui na terra como o verdadeiro rezador.

São Bento pensou principalmente na oração em conjunto. Mas ele escreve também sobre a oração pessoal. A postura básica desta oração é o temor a Deus e a percepção de sua presença constante. Na oração, o monge se exercita a viver constantemente na presença de Deus. Ele toma consciência de que o Deus, que cura e ama, cerca-o sempre e em todo lugar. São Bento não deixou orações pessoais aos monges, mas ele os exorta a prostrar-se muitas vezes para rezar (RB 4,56). Eles devem rezar com todo o corpo e prostrar-se em veneração diante de Deus. Nesta atitude, o monge, de um lado, percebe Deus como o Criador que criou todo o universo. De outro lado, nesta atitude de *prostratio*, ele se sente amparado por Deus e seguro em Deus.

No espírito de São Bento muitos de seus monges conceberam orações, à frente de todos, Anselmo de Cantuária e Bernardo de Claraval. Neste livro, eu selecionei algumas orações que são oriundas da tradição beneditina e outras, que estão próximas ao espírito beneditino. E, eu mesmo, tentei escrever orações que se devem à experiência das instituições monásticas. Para os monges, oração significa: oferecer a Deus sua vida inteira, sua verdade mais íntima, para que o Espírito de Deus possa permear tudo em nós, e nos transformar.

Na oração, ofereço a Deus os meus sentimentos, as minhas afeições, os meus medos, para que, através deles, eu possa sentir Deus como o fundo mais recôndito da minha alma e onde encontro tranquilidade. Bento significa: "o abençoado". Orar, para São Bento, significa, também, colocar tudo sob a bênção de Deus: a mim mesmo, as pessoas e a realidade deste mundo, para que possamos vivenciar que tudo pode vir a ser uma bênção para nós e que, nós mesmos, somos uma bênção para as pessoas. O objetivo de orar, pedir, louvar e abençoar é "que Deus seja glorificado em tudo" (*ut in omnibus glorificetur Deus*: RB 57,9; comp. 1Pd 4,11).

ORAR COM SALMOS

Feliz aquele que não anda em companhia dos ímpios

Sl 1

Feliz aquele
que não anda em companhia dos ímpios,
não se detém no caminho dos pecadores
nem se assenta na reunião dos zombadores,

mas na lei do Senhor se compraz
e recita sua lei dia e noite!

Ele é como árvore
plantada à beira da água corrente:
produz fruto a seu tempo
e sua folhagem não murcha;
tudo o que ele faz prospera.

Não são assim os ímpios:
são como a palha que o vento dispersa.

Por isso não se levantarão os ímpios no julgamento,
nem os pecadores, na assembleia dos justos.
Pois o Senhor conhece o caminho dos justos,
o caminho dos ímpios, porém, se perde.

Responde-me quando chamo

Sl 4

Responde-me quando chamo, ó Deus, minha justiça!
Tu, que no aperto me alargaste o espaço,
tem piedade de mim e escuta minha oração!

Até quando, ó homens, ultrajareis minha honra,
amareis coisas vãs e buscareis mentiras?

Sabei que o Senhor reserva para si o fiel!
O Senhor escuta, quando eu chamo por Ele.

Inflamai-vos de zelo, mas não pequeis;
consultai no leito o vosso coração
e ficai em silêncio!

Oferecei os devidos sacrifícios
e confiai no Senhor!

Há muitos que dizem: "Quem nos dera ver a felicidade!
Senhor, levanta sobre nós a luz de tua face!"

Deste ao meu coração mais alegria
do que outros têm na fartura de trigo e vinho.

Em paz me deito e logo adormeço,
porque, Senhor, só Tu me fazes repousar em segurança.

O Senhor é o meu pastor; nada me falta

Sl 23

O Senhor é meu pastor: nada me falta.

Em verdes pastagens me faz repousar,
conduz-me até às fontes tranquilas

e reanima minha vida;
guia-me pelas sendas da justiça
para a honra de seu nome.

Ainda que eu ande por um vale de espessas trevas,
não temo mal algum, porque Tu estás comigo;
teu bastão e teu cajado me confortam.

Diante de mim preparas a mesa,
bem à vista dos meus inimigos;
Tu me unges com óleo a cabeça,
minha taça transborda.

Bondade e amor certamente me acompanharão
todos os dias de minha vida,
e habitarei na casa do Senhor
por longos dias.

Só em Deus minha alma está tranquila

Sl 62

Só em Deus minha alma está tranquila;
dele vem a minha salvação.

Somente Ele é minha rocha e minha salvação,
minha fortaleza: jamais serei abalado.

Até quando investireis contra um homem
para abatê-lo, todos de uma vez,
como uma parede inclinada
ou um muro prestes a ruir?

Só pensam em derrubá-lo de sua posição,
e têm prazer em mentir;
com a boca bendizem,
mas em seu íntimo maldizem.

Só em Deus minha alma está tranquila,
pois dele vem minha esperança!

Só Ele é minha rocha e minha salvação,
minha fortaleza: jamais serei abalado.

Minha salvação e minha glória estão junto de Deus;
a rocha de minha defesa, meu refúgio, tenho em Deus.

Ó povo, confiai nele em todo o tempo,
desafogai diante dele vosso coração!
Deus é para nós um refúgio.

Gente simples é apenas um sopro,
gente ilustre, pura ilusão.
Ao subirem à balança,
eles juntos seriam mais leves que um sopro.

Não confieis na extorsão
nem vos iludais com o roubo!
Se vossas riquezas aumentarem,
não empenheis nelas o coração!

Deus disse uma coisa,
duas coisas eu ouvi:
Que o poder pertence a Deus,

a ti, Senhor, a misericórdia,
pois Tu recompensas a cada um
segundo as suas obras.

Ó Deus, Tu és meu Deus; a ti procuro
Sl 63

Ó Deus, Tu és meu Deus; a ti procuro,
minha alma tem sede de ti;
todo o meu ser anseia por ti,
como a terra ressequida, esgotada, sem água.

Assim estava eu quando te contemplei no santuário,
vendo teu poder e tua glória.

Pois teu amor vale mais que a vida,
meus lábios te louvarão.

Assim, eu te bendirei durante a minha vida,
ao teu nome erguerei as mãos.

Eu me sacio como de gordura e manteiga,
com lábios jubilosos minha boca entoa louvores,

quando em meu leito me recordo de ti,
em ti medito durante as horas de vigília.

Pois foste o meu socorro,
e à sombra de tuas asas eu canto de alegria.

Tenho a alma apegada a ti,
tua mão direita me sustenta.

Mas os que procuram minha ruína
irão às profundezas da terra,

serão entregues ao poder da espada,
virão a ser presa dos chacais.

O rei, porém, se alegrará em Deus;
todo aquele que jura por Ele poderá gloriar-se,
pois se fechará a boca aos mentirosos.

Na verdade, Deus é bom para Israel

Sl 73

Na verdade, Deus é bom para Israel,
para os de coração puro.

Quanto a mim, por pouco meus pés escorregavam;
por um triz não resvalaram meus passos,

pois eu tinha inveja dos arrogantes,
ao ver a prosperidade dos ímpios.

Não têm dificuldades até à morte,
seu corpo é sadio e bem-nutrido,

não partilham das penas humanas,
nem são atormentados como os outros homens.

Por isso seu colar é a soberba,
e seu manto, a violência.

Seus olhos saltam da gordura,
e do coração transbordam tolices.

Zombam e falam com malícia,
falam do alto, com prepotência.

Contra o céu dirigem sua boca,
e pela terra vai discorrendo sua língua.

Por isso o povo se volta para esse lado,
onde há bastante água a ser sorvida por eles.

Dizem: "Acaso Deus sabe disso?
O Altíssimo tem disso conhecimento?"

Assim são os ímpios;
sempre seguros, acumulam riquezas.

Na verdade, em vão conservei puro o coração
e lavei as mãos em sinal de inocência?

Por que me atormento o dia todo
e me castigo cada manhã?

Caso pensasse em falar assim,
eu teria renegado a linhagem de teus filhos.

Pus-me a refletir para compreendê-lo;
foi tarefa penosa para mim,

até que entrei no santuário de Deus
e entendi qual seria o futuro deles.

Na verdade, Tu os colocas em terreno escorregadio
e os fazes cair na destruição.

Como se viram arruinados num momento,
totalmente consumidos pelo terror!

Como a um sonho, quando se acorda,
assim, ó Senhor, desprezarás a imagem deles ao despertar.

Quando meu coração se exasperou
e eu sentia meus rins se dilacerarem,

eu era um desvairado sem entendimento,
um irracional diante de ti.

Mas eu sempre estou contigo,
Tu me seguras pela mão direita,

Tu me guias segundo teus desígnios,
e no fim me acolherás na glória.

Se Tu, a quem eu tenho no céu, estás comigo,
nada mais desejo na terra.

Embora minha carne e meu coração definhem,
Deus é a rocha do meu coração
e minha herança para sempre

Eis que perecerão os que de ti se afastam,
Tu exterminas a todos os que te renegam.

Quanto a mim, minha felicidade é estar perto de Deus.
Em ti, Senhor Deus, ponho o meu refúgio,
para contar todas as tuas obras.

Como são amáveis tuas moradas

Sl 84

Como são amáveis tuas moradas,
S‍enhor todo-poderoso!

Minha alma se consome de saudade
pelos átrios do S‍enhor,
meu coração e minha carne vibram de alegria
pelo Deus vivo.

Até o pássaro encontra um abrigo,
e a andorinha um ninho, onde colocar seus filhotes,
perto de teus altares, S‍enhor todo-poderoso,
meu rei e meu Deus.

Felizes os que habitam em tua casa,
louvando-te sem cessar.

Felizes os que em ti encontram sua força,
quando planejam os roteiros;

ao atravessarem o vale de Bacá,
transformam-no num lugar de fontes;
como a chuva de outono,
que ainda o cobre de bênçãos.

Caminham com vigor sempre crescente,
até se apresentarem diante de Deus em Sião.

Senhor Deus todo-poderoso, escuta minha oração,
presta-me ouvido, ó Deus de Jacó!
Ó Deus, vê aquele que é nosso escudo,
olha para a face do teu ungido!

Pois um dia em teus átrios
vale mais que mil que eu poderia ter escolhido;
ficar na entrada da casa de meu Deus
é melhor do que morar nas tendas dos ímpios.

Porque o Senhor Deus é sol e escudo,
o Senhor concede graça e glória.
Ele não recusa bem algum
àqueles que procedem retamente.

Senhor todo-poderoso,
feliz é quem em ti confia!

Aquele que habita sob a proteção do Altíssimo

Sl 91

Aquele que habita sob a proteção do Altíssimo
passa a noite à sombra do Todo-poderoso.

Pode dizer ao S{senhor}: "Ele é meu refúgio e minha
  fortaleza,

meu Deus, em quem confio".
Pois Ele te livra do laço do caçador
e da peste maligna.

Ele te cobre com suas plumas,
e debaixo de suas asas te refugias;
sua fidelidade é um escudo e uma armadura.

Não temerás o pavor da noite
nem a flecha que voa de dia;

nem a peste que ronda no escuro
nem a epidemia que devasta em pleno dia.

Se tombarem mil a teu lado
e dez mil à tua direita,
não serás atingido.

Basta abrires os olhos,
e verás o castigo dos ímpios.

"É o Senhor meu refúgio",
tu fizeste do Altíssimo tua morada.

Não te acontecerá mal algum,
nem a praga chegará à tua tenda.

Pois aos seus anjos dará ordens a teu respeito,
para que te guardem em todos os teus caminhos.

Eles te levarão nas mãos,
para que teu pé não tropece numa pedra.

Pisarás sobre o leão e a víbora,
calcarás aos pés a fera e o dragão.

"Porque ele se apegou a mim, eu o libertarei;
eu o protegerei, pois conhece meu nome.

Quando me invocar, eu lhe responderei;
estarei com ele na tribulação,
eu o livrarei e o glorificarei;

eu o saciarei com longos dias
e lhe revelarei a minha salvação."

Darei graças ao Senhor, de todo coração

Sl 111

Aleluia!
Darei graças ao SENHOR, de todo coração,
no conselho dos justos e na assembleia.

Grandes são as obras do SENHOR,
dignas de estudo para quem as aprecia.

Sua ação é majestosa e magnífica,
sua justiça dura para sempre.

Fez memoráveis suas maravilhas,
o SENHOR misericordioso e clemente.

Deu alimento aos que o temem,
sempre lembrado de sua aliança.

Mostrou a seu povo o poder de suas obras,
dando-lhe a herança das nações.

As obras de suas mãos são verdadeiras e justas,
e todos os seus preceitos merecem confiança:

são estáveis para todo o sempre,
para serem cumpridos fiel e retamente.

Ele enviou a seu povo a redenção,
promulgou para sempre sua aliança.
Seu nome é santo e temível.

O temor do SENHOR é o princípio da sabedoria;
terão bom êxito todos os que o praticam.
Seu louvor permanece para sempre.

Louvai, servos do Senhor

Sl 113

Aleluia!
Louvai, servos do Senhor,
louvai o nome do Senhor!

Bendito seja o nome do Senhor
desde agora e para sempre!

Desde o nascer do sol até o ocaso,
louvado seja o nome do Senhor!

Excelso é o Senhor acima de todas as nações,
e sua glória acima dos céus.

Quem é como o Senhor nosso Deus,
que tem seu trono nas alturas

e baixa seu olhar
sobre o céu e a terra?

Ele levanta do pó o desvalido,
tira do lixo o pobre,

para fazê-lo sentar-se entre os grandes,
entre os grandes de seu povo.

Faz a mulher estéril presidir o lar,
como feliz mãe de família.
Aleluia!

Levanto os olhos para os montes

Sl 121

Levanto os olhos para os montes:
donde me virá o socorro?

O meu socorro vem do Senhor,
que fez o céu e a terra.

Ele não deixará que teus pés vacilem;
não cochila aquele que te guarda.

Não, não cochila nem dorme
aquele que guarda Israel.

O Senhor é o teu guarda:
o Senhor é a tua sombra,
Ele está à tua direita.

O sol não te molestará de dia,
nem a lua de noite.

O Senhor te guardará de todo mal,
Ele guardará tua vida.

O Senhor guardará tuas idas e vindas,
desde agora e para sempre.

Se o Senhor não estivesse do nosso lado

Sl 124

Se o SENHOR não estivesse do nosso lado,
Israel que o diga;

se o SENHOR não estivesse do nosso lado,
quando os homens nos atacaram,

então nos teriam engolido vivos,
quando sua ira se inflamou contra nós;

então as águas nos teriam arrastado,
uma torrente nos teria submergido,

então nos teriam submergido
as águas impetuosas.

Bendito seja o SENHOR
que não nos entregou como presa aos seus dentes!

Nossa alma escapou como um pássaro
do laço dos caçadores:
ao romper-se o laço,
nós escapamos.

O nosso auxílio está no nome do SENHOR,
que fez o céu e a terra.

Quando o Senhor mudou a sorte de Sião
Sl 126

Quando o S<small>ENHOR</small> mudou a sorte de Sião,
estávamos como quem sonha;

então se enchia de riso nossa boca,
nossa língua de júbilo.
Então se dizia entre as nações:
"O S<small>ENHOR</small> fez por eles grandes coisas".

Grandes coisas fez por nós o S<small>ENHOR</small>:
estávamos alegres.

S<small>ENHOR</small>, muda a nossa sorte,
como as torrentes do Negueb.

Os que semeiam com lágrimas
colhem com júbilo.

Ao sair, ia chorando,
levando a bolsa de sementes;
ao voltar, vem cantando,
trazendo seus feixes.

ORAÇÕES EM LOUVOR A DEUS

Bendito sejas Tu, Senhor Deus dos nossos pais

Dn 3,52-56

Bendito sejas Tu, Senhor Deus dos nossos pais,
louvado sejas e bem exaltado para sempre!
Bendito seja teu nome glorioso e santo,
seja Ele louvado e bem exaltado para sempre!

Bendito sejas no teu templo santo e glorioso,
sejas louvado e bem glorificado para sempre!

Bendito sejas no teu trono real,
louvado e bem exaltado para sempre!

Bendito sejas Tu que sondas as profundezas
e estás assentado acima dos querubins
louvado sejas e bem exaltado para sempre!

Bendito sejas no firmamento celeste,
louvado e glorificado para sempre!

Minha alma engrandece o Senhor

Lc 1,46-55

Minha alma engrandece o Senhor

e rejubila meu espírito em Deus, meu Salvador,

porque olhou para a humildade de sua serva.
Eis que de agora em diante me chamarão feliz todas as gerações,

porque o Poderoso fez por mim grandes coisas:
O seu nome é santo.

Sua misericórdia passa de geração em geração
para os que o temem.

Mostrou o poder de seu braço
e dispersou os que se orgulham de seus planos.

Derrubou os poderosos de seus tronos
e exaltou os humildes.

Encheu de bens os famintos
e os ricos despediu de mãos vazias.

Acolheu Israel, seu servo,
lembrando-se de sua misericórdia,

conforme o que prometera a nossos pais,
em favor de Abraão e de sua descendência, para sempre.

Bendito seja o Senhor, Deus de Israel

Lc 1,68-79

Bendito seja o Senhor, Deus de Israel,
porque visitou e resgatou seu povo,

e fez surgir em nosso favor um poderoso Salvador,
na casa de Davi, seu servo.

Foi assim que Ele prometeu desde séculos
pela boca de seus santos profetas

que nos salvaria dos inimigos
e do poder de todos que nos odeiam,

que usaria de misericórdia com nossos pais
e se lembraria de sua santa aliança.

O juramento que fez a Abraão, nosso pai,
foi de conceder-nos que, sem temor e livres do poder dos inimigos,
o sirvamos, com santidade e justiça, em sua presença, todos os dias.

E Tu, menino, serás chamado profeta do Altíssimo,
pois irás adiante do Senhor preparar-lhe os caminhos,

e dar ao povo o conhecimento da salvação,
pelo perdão dos pecados.

Graças ao coração misericordioso de nosso Deus,
o sol do alto nos visitará,

para iluminar os que estão sentados nas trevas e nas
  sombras da morte,
e dirigir nossos passos para o caminho da paz.

Agora Senhor, já podes deixar teu servo ir em paz

Lc 2,29-32

Agora, Senhor, já podes deixar teu servo ir em paz,
  segundo a tua palavra.

Porque meus olhos viram a salvação

que preparaste diante de todos os povos:

a luz para iluminação das nações
  e para glória de teu povo, Israel.

Vamos cantar a meu Deus

Jt 16,1-15

Vamos cantar a meu Deus com tamborins,
com címbalos cantai a meu Senhor,
salmos e hinos para Ele entoai,
exaltai e invocai o seu nome!

Pois o Senhor é um Deus que esmaga as guerras,
que mantém seu acampamento em meio ao povo
e libertou-me de meus perseguidores.

Das montanhas do norte veio a Assíria
com os milhares de seu exército.
Sua multidão obstruía os cursos de água,
seus cavalos cobriam as colinas.

Ameaçou incendiar meu território,
trucidar os meus jovens à espada,
arremessar por terra os pequeninos,
entregar os meus filhos ao rapto
e arrebatar minhas virgens como presa.

Mas o Senhor todo-poderoso os repeliu,
pela mão de uma mulher os confundiu.

Pois seu herói não sucumbiu perante os jovens,
nem filhos de titãs o abateram,
em enormes gigantes o atacaram.
Mas foi Judite, a filha de Merari,
que o paralisou com a beleza de seu rosto.

Tirou as suas vestes de viúva
para exaltar os oprimidos de Israel;
ungiu a sua face com perfumes,

cingiu os seus cabelos com o diadema,
com vestidos de linho o seduziu.

Sua sandália roubou o seu olhar,
sua beleza cativou-lhe o coração...
e a cimitarra cortou o seu pescoço!

Os persas estremeceram com sua audácia,
aos medos espantou sua ousadia.

Meus humildes, então, soltaram urros de guerra,
meus debilitados puseram-se a gritar,
e aqueles, com medo, se apavoraram.
Os meus levantaram suas vozes,
e aqueles puseram-se a fugir.

Os filhos das escravas os traspassaram,
como a filhos de desertores os feriram.
Eles pereceram ante as fileiras do Senhor meu Deus.

Cantarei a meu Deus um canto novo:
Senhor, Tu és grande e glorioso,
admirável em tua força, invencível!

A ti sirvam todas as criaturas,
porque falaste e começaram a existir,
enviaste o teu espírito e Ele as criou,
e não há quem resista à tua voz.

As montanhas, sacudidas de suas bases,
hão de misturar-se com as águas;
diante de tua face as rochas
hão de derreter-se como cera;
no entanto, para aqueles que te temem,
   serás sempre benigno e propício.

Louvado sejas, ó Senhor

1Cr 29,10-13

Louvado sejas, ó S<small>ENHOR</small>
Deus de Israel, nosso pai,
desde sempre e para sempre.

A ti, ó S<small>ENHOR</small>, pertence a grandeza,
o poder, o esplendor, a glória e a majestade.
Tudo que existe no céu e na terra
te pertence, ó S<small>ENHOR</small>.
Tua, ó S<small>ENHOR</small>, é a realeza
e Tu te elevas como cabeça acima de tudo.

De ti vêm a riqueza e a prosperidade;
Tu dominas sobre tudo; em tua mão está a força e o poder; por tua mão tudo se torna grande e forte.

E agora, nosso Deus, nós te louvamos
e exaltamos teu nome glorioso.

ORAÇÕES
DE
GRANDES
PESSOAS

Oremos ao Senhor

João Crisóstomo

Oremos ao Senhor!
Pela paz e o bem de nossas almas e de toda a comunidade.
Pela Santa Igreja e os seus sacerdotes, pela união de todos os que procuram Deus, pela paz no mundo inteiro.
Por todos os que passam dificuldades e os sobrecarregados.
Por todas as pessoas vaidosas, ciumentas e rancorosas.
Por nossos inimigos e adversários, do mesmo modo, como pelos nossos amigos, benfeitores e próximos.
Por todos os moribundos, cujo último dia e última noite tem chegado.
Por todos aqueles que ninguém mais lembra em preces, por todos os que foram excluídos pelos homens.
Por todos aqueles que nós magoamos.
Por todos que pecaram contra a criatura muda e a matéria, por todos os violentos e poderosos, que fizeram derramar sangue e foram implacáveis para com os desamparados.

Senhor, primeiro transforma a minha espiga em pão

Isaac de Antioquia

Morte, não me lances em teu campo antes que eu tenha
me tornado uma boa semente de trigo!
Senhor, não permitas que eu chegue diante de ti,
antes de me ter tornado santo!
De um momento a outro, sou levado por mil ventos;
uma vez estou no alto, em seguida, no fundo do
abismo; às vezes, sou dono da minha alma e,
em seguida, escravo de meu corpo, seu parceiro;
outras vezes, sou um rei com diadema, em seguida,
um miserável pedinte. Eu me transformo mil vezes,
assim como uma roda que gira.
Erva daninha está misturada ao meu trigo e debulho,
e a tua boa semente está em meio a espinhos
no campo do teu servo!
A ninguém, mas somente a ti, ó Deus, conto
esta minha aflição!
Pois, o meu desejo se dirige somente a ti e à tua
grande misericórdia!
Tu, a quem os vivos e os mortos estão igualmente
subordinados, não permitas que eu faleça
em meio a meus pecados!
Senhor, transforma primeiro a minha espiga em pão,
e, então, o ceifeiro pode aproximar-se de mim!

Tem piedade de mim

Macário o Egípcio

Deus, Tu chegaste ao final dos tempos, ao findar do
dia, para a nossa salvação.
Tu expulsaste Adão do paraíso e novamente o abriste
para ele.
Por tua morte na cruz, tem piedade de mim, pois
o final da minha vida se aproxima e a noite chega.
O tempo é curto demais para lavar todas as minhas
manchas.
Não posso mais pedir muitos anos, a fim de
penitenciar-me pelos meus pecados.
Tem piedade de mim, quando findar o tempo da
misericórdia.
Olha para mim em paz e bondade, quando vieres ao
julgamento com severidade.
Cura-me aqui na terra e eu serei são.

Como uma aurora reluzente

Metódio

Virgem Santa!
Qual aurora reluzente nasceste diante do mundo!
Tu nos trouxeste o sol da glória!
Através de ti, a terrível noite foi banida da terra,
 tu subjugaste o poder do tirano e venceste a morte
 e o inferno.
Tu reconciliaste o desentendimento que separava
Deus e a humanidade.
Tu garantiste a paz. Tu curaste as doenças da alma com
 a misericórdia da santidade.
Tu iluminaste o universo com a luz fulgurante da
 verdade!
Sejas saudada, ó Virgem Maria, fonte inesgotável de
 alegria
da humanidade.
Tu, preciosa pérola do Reino de Deus!
Tu, altar vivo do pão, que nos é alimento para a vida
 eterna!
Sejas saudada, tu tesouro do amor do Pai eterno!
Sejas saudada, tu fonte da misericórdia do Filho!
Sejas saudada, tu montanha sombreada do Espírito
 Santo!

O caminho de Deus eu quero seguir

Patrick

Eu me levanto, hoje, por uma força imensa,
 a invocação da Santíssima Trindade,
 e professo o criador do universo.
Eu me levanto, hoje, pela força de Deus
 que me guia.
O poder de Deus me mantenha ereto.
O olhar de Deus veja por mim.
O ouvido de Deus escute por mim.
A palavra de Deus fale por mim.
O caminho de Deus eu quero seguir,
 que o seu escudo me proteja.
Cristo esteja à minha direita.
Cristo esteja à minha esquerda.
Ele é a força – Ele é a paz.
Cristo esteja onde estou deitado.
Cristo esteja onde estou sentado.
Cristo esteja onde estou em pé.
Cristo na profundidade.
Cristo na altura.
Cristo na amplidão.

Ilumina os nossos corações

Alkuin

Ó, luz eterna, ilumina os nossos corações, eterna bondade, salva-nos do mal.
Ó, poder eterno, sê a nossa ajuda.
Eterna sabedoria, afasta a escuridão de nossa ignorância.
Eterna misericórdia, sê indulgente conosco.
Permite que sempre busquemos a tua face com toda vontade e força; e, finalmente, guia-nos com a tua infinita misericórdia, para a tua santa presença.
Fortalece a nossa fraqueza, para que possamos seguir as pegadas do teu Filho abençoado, alcançar a tua graça e entrar em tua alegria prometida.

Doa também o restante

Anselmo de Cantuária

Eu te suplico, ouve a minha oração, pois ela foi-me
sugerida por ti e Tu me presenteaste com ela, antes
que eu te chamasse.
Desce o teu olhar sobre mim, o suplicante; uma vez
que também não rejeitaste olhar por mim, quando
me desviei do caminho.
Senhor, misericordioso, Tu certamente não quiseste
inspirar-me esta oração sem motivo; não me
presenteaste com ela, para que ela ficasse sem frutos.
Tu quiseste dá-la a mim, para que Tu pudesses me
ouvir.
Tu me sugeriste que eu pedisse tua ajuda, para que
pudesses ter compaixão de mim, o pecador.
Tu já me destinaste a primeira parcela de tua
misericórdia; doa também o restante!

Riquíssima fonte de todas as misericórdias

Anselmo de Cantuária

Ó Senhor Jesus, como Tu és bom e doce para com a alma que te procura!

Jesus, Redentor dos presos, Salvador dos perdidos, esperança dos proscritos, força dos que penam; Tu, amplidão para o coração aflito; Tu, deleitoso consolo e doce alívio para a alma que, em lágrimas, se esforça para seguir-te; Tu, coroa dos vencedores, Tu, única recompensa e única alegria dos anjos, riquíssima fonte de todas as graças, Tu nobre rebento do altíssimo Deus!

Altíssimo Deus, a ti deve louvar tudo o que existe lá em cima no céu e, em baixo na terra, porque Tu és o Grande e o teu nome é santo.

Ó, eterna glória do sublime Deus!

Puríssima claridade da luz eterna; vida, vivificando cada vida; luz que ilumina e mantém toda luz em brilho eterno e que, desde o alvorecer do universo, fulgura em milhares de luzes diante do trono de tua Alteza Divina.

Sob a proteção de tuas asas

Anselmo de Cantuária

Ó Senhor Jesus, todos os que te amam sejam cheios de tuas bênçãos!

Aqueles que se aproximam de ti, tenham seus nomes inscritos no céu, para que, sob a proteção de tuas asas, tenham a paz eterna!

Mas a ti, Filho único de Deus, para ti, com o Pai Eterno e o Espírito Santo, pertence infinito louvor, eterna glória e o poder firmemente instituído, para todo o sempre.

Chamo-te para minha alma

Anselmo de Cantuária

Deus boníssimo, chamo-te para a minha alma!
Pois Tu a preparaste para receber-te, através
   do desejo que lhe insuflaste.
Eu te peço, entra e prepara-a para ti!
Toma posse dela, que a fizeste e a consertaste!
Eu quero ter-te como um selo no meu coração.
Eu te peço, ó Bondoso, não me abandones, quando
   eu te chamo, pois, antes que eu te chamasse,
Tu me chamaste.
Tu me procuraste para que eu, teu servo, te procurasse,
   e, ao procurar-te, pudesse te encontrar e amar o
Encontrado.
Senhor, eu te procurei e te encontrei; agora, desejo
   também amar-te.
Aumenta o meu desejo!
Dá o que peço!
Pois, mesmo que Tu dês a mim, teu servo, tudo o que
   criaste, não seria o suficiente, se Tu mesmo não te
   doasses.
Dá-te a mim, Tu mesmo, meu Deus, dá-te a mim de
   novo.

Almejo ver o teu rosto, ó Senhor

Anselmo de Cantuária

Vamos lá, criatura, foge agora um pouco dos afazeres terrenos, esconde-te por um tempo de teus pensamentos ruidosos, descarrega agora as tuas preocupações pesadas e afasta o trabalho impeditivo!
Libera-te um momento para Deus: descansa nele por um momento.
Entra no aposento de teu espírito. Impede a entrada de todos, salvo de Deus e de tudo que possa te ser útil na procura por Ele.
Fecha a porta e procura-o.
Então, meu coração, então diga ao Senhor: "Eu procuro a tua face; por tua face almejo, ó Senhor!"

Senhor, ensina-me a procurar-te

Anselmo de Cantuária

Permite que eu, de longe, ou ainda do fundo, possa ver a tua luz.

Senhor, ensina-me a procurar-te e mostra-te àquele que te procura, porque não posso procurar-te, se não mo ensinas e também não posso encontrar-te, se Tu não te mostras a mim.

Saudoso quero procurar-te e, na procura, aumentar o anseio; amando, quero te encontrar e, no encontro, amar-te ainda mais.

Senhor, não tenho coragem de entrar em tua profundidade, pois o meu entendimento, de modo algum, suporta uma comparação.

Mas desejo, sim, conhecer um pouco a tua verdade, aquela verdade na qual o meu coração crê e que ama.

Não intento adquirir conhecimento para que eu possa crer, mas eu creio para adquirir conhecimento.

Permita que eu possa reconhecer-te e alegrar-me em ti

Anselmo de Cantuária

Meu Deus, eu te peço, permite que eu possa
reconhecer-te, amar-te e alegrar-me em ti. E se eu
não puder alcançar o aperfeiçoamento nesta vida, ao
menos permita-me fazer progressos, dia após dia, até
que eu alcance aquele aperfeiçoamento.
Aqui, aumente o meu conhecimento de ti, lá, ele seja
aperfeiçoado.
Aqui, cresça o meu amor por ti, lá ele seja
aperfeiçoado.
Assim, a minha alegria seja grande aqui, na esperança
de que, lá, ela seja aperfeiçoada.
Senhor, através de teu Filho, Tu nos dás a ordem, sim
o conselho, de pedir-te e nos prometes que devemos
receber alegria completa.
Senhor, eu te peço aquilo que Tu aconselhas através
do teu glorioso Conselheiro, para que eu receba o
que prometes através da tua verdade, ou seja, que a
minha alegria seja perfeita!
Até lá, a minha mente deve pensar na alegria em ti,
a minha língua dela falar, o meu coração amá-la,
minha boca conversar sobre isto, minha alma ansiar
por ela, meu corpo estar sedento

dela, o meu ser inteiro ansiar por ela, até que eu entre na alegria do meu Senhor, aquele que é o Deus trino, bendito para sempre.

Sejas saudado, amado Jesus

Bernardo de Claraval

Quero saudar-te, salvação do mundo, quero saudar-te amado Jesus.
Com prazer, quero ser submisso à tua cruz.
Tu mesmo sabes por quê. Empresta-te a mim, grava as tuas chagas vermelhas e profundas bem no fundo do meu coração, para que eu te ame de toda maneira, para que, assim, eu possa moldar-me a ti.
Íntegro na cruz, olha sobre mim, meu Amado.
Estreita-me bem junto a ti e dize-me: "Eu te salvo, eu te perdoo tudo".
Vê, incendiado por teu amor, eu te abraço e enrubesço, eu me uno a ti.
Ah, Tu conheces muito bem o motivo, aceita-me, não me rejeites.
Que o meu atrevimento não te desagrade – pois tão doente e manchado eu sou.
Que o teu sangue, que escorre aqui em todo lugar, me lave, me salve e retire todas as minhas manchas.

Vem, Espírito Santo

Bernardo de Claraval

Vem, Espírito Santo, e fala sempre ao meu coração.
Porém, se te agradar ficar em silêncio, que este teu
   silêncio fale comigo.
Pois, sem ti, estou sempre em perigo de seguir os meus
   enganos e confundi-los com os teus ensinamentos.

Meu Deus, meu Salvador, eu quero amar

Bernardo de Claraval

"Eu te amo, Senhor, minha força. O Senhor é meu rochedo, minha fortaleza e meu libertador" (Sl 18,2-3), a essência de tudo que só posso desejar e amar.

Meu Deus, meu Salvador, eu quero amar segundo a tua dádiva e segundo a tua medida. Isto é menos do que seria adequado, mas não é menos do que eu posso.

Pois não posso te amar tanto quanto deveria, mas eu não posso mais do que sou capaz.

Entretanto, eu poderia mais, se Tu me ajudasses para mais, mas, nunca seria tanto, quanto Tu realmente merecerias.

"Teus olhos viram o meu embrião", mesmo assim "em teu livro todos estão registrados" (Sl 139,16), os que fazem o que podem, mesmo que não são capazes de fazer tudo aquilo que realmente deveriam fazer.

Tu permites que te procurem

Bernardo de Claraval

Senhor, Tu és bom para com a alma que te procura
(Lm 3,25).
E ainda mais, para com aquela que te encontra.
Mas o maravilhoso é que ninguém pode procurar-te,
que já não tenha te encontrado antes.
Tu deixas que te procurem para seres encontrado e Tu
permites ser encontrado para que sejas procurado.
Tu deixas que te procurem e Tu permites ser
encontrado; mas Tu não deixas que se adiantem a ti.
Nós podemos até dizer: "De manhã minha oração já
está diante de ti" (Sl 88,14) mas, sem dúvida, toda
oração, que não segue a tua inspiração, é pobre.

A árvore da vida plantaste em mim

Hildegard von Bingen

Tudo Tu atravessas, as alturas, as profundezas
  e qualquer abismo.
Tu constróis e unes tudo.
Através de ti gotejam as nuvens, o ar move suas asas,
  e os riachos fluem.
Tu guias para longe os espíritos que te absorvem com
  fé, inspiras-lhes sabedoria e, com a sabedoria, a
  alegria.
Louvado sejas, Tu, Senhor, louvado és somente Tu.
Louvado és Tu, ó misericordioso. Acima de todo
  canto de louvor, Tu és louvado.
Tu baixaste a luz da tua norma em meu coração,
Tu plantaste, em mim, a árvore da vida.
Tu me transformaste em jardim celeste em meio
  aos seres que podemos ver.
Neste mundo físico Tu me criaste como ser inteligente,
  e, mesmo assim, me deixaste como ser sensível
  no mundo da razão.

Eu louvo e elogio a tua inescrutável sabedoria

Mechthild von Hackeborn

Eu louvo e bendigo a tua incompreensível onipotência,
 ó glorioso Jesus que, no sofrimento, te deixou tão
 fraco, por amor a nós, os homens.
Eu louvo e elogio a tua inescrutável sabedoria, que
 te levou a passar por um ingênuo.
Eu louvo e glorifico a tua incompreensível caridade,
 que, por livre vontade, te fez vítima do ódio, por
 amor aos teus escolhidos.
Eu louvo e glorifico a tua suave paciência, que te
 deixou sofrer a morte mais cruel, por amor a nós.
Eu amo e rezo para a tua doce suavidade, que te fez
 experimentar a amargura de morte.

Deixa-me descansar em paz, em ti

Gertrude a Grande

Ó amor, Tu és o meu querido brilho do anoitecer.
Quando o brilho do anoitecer cair sobre mim,
 então, deixa-me adormecer suavemente e encontrar
 aquela paz, que está preparada para os teus queridos.
Cobre, então, a minha pobreza com a tua infinita
 bondade e esconde os pontos fracos da minha
 pobre, insuficiente vida, para que a minha alma seja
 confortada, protegida em teu glorioso amor.
Assim, pois, ó Amado, entrego-te a minha vida e
 minha alma.
Deixa-me descansar em paz, em ti!

Meu Deus, te amo tanto

Gertrude a Grande

Meu Deus, acordo, para ti, com a luz da aurora.
A minha alma está sedenta de ti, e a minha carne
anseia por ti na terra selvagem e sem caminhos.
Eu fico diante de ti, para ver o teu poder e a tua
glória.
Meu Deus, te amo de todo coração.
Tu és a minha felicidade, minha esperança e alegria,
meu mais elevado, mais precioso bem.
Com o coração humilde eu te agradeço por
todas as tuas dádivas: pelo amor, com o qual a
tua misericórdia imerecida me escolheu desde
a eternidade e me trouxe a ti, para a minha
eterna salvação e, também, que Tu te uniste tão
intimamente a mim e me fizeste digna de ser de teu
agrado e que, finalmente, queres conduzir-me para o
aperfeiçoamento dos bem-aventurados.
Somente à tua bondade devo tudo, sem qualquer
merecimento de minha parte, o meu mais elevado,
completo, verdadeiro e eterno bem!

Tem piedade de meus filhos

Oração de uma mãe de Jerusalém

Senhor do universo, misericordioso Pai e Rei,
  tem piedade dos meus filhos e abre o
  coração deles para o teu ensinamento.
Torne amplo e largo o coração deles no aprendizado,
  para que eles compreendam o significado e os
  mistérios de teu querido ensinamento.
Faze com que eles o aprendam pelo teu Santo Nome.
Faze com que, também eles, um dia tenham filhos
  bons e piedosos.
Faze com que eles sejam preenchidos com
  ensinamento, sabedoria e temor a Deus, e que sejam
  amados por ti, Deus, e por todos.
Faze com que o meu marido e eu possamos educá-los
  por longos anos, que eles todos continuem vivos
  após a minha morte e a de eu marido, e que nenhum
  de nossos filhos venha a falecer durante a nossa vida.

Tu nos criaste para cumprirmos a tua vontade

Rabbi Tanchum Bar Scholastika

A tua vontade seja, arrancar o mau impulso do nosso coração.
Pois Tu nos criaste para cumprirmos a tua vontade.
Tu assim o gostarias e nós o gostaríamos.
E, quem nos impede?
A levedura na massa.
É de teu conhecimento, que lutamos em vão contra aquilo.
Assim, Senhor, retire-a de nós, domina-a, para que possamos agir, de todo coração, como Tu o desejas.

Transforma-nos em pessoas vivas

Serapião de Thmuis

Nós te louvamos, ó Deus que não foste criado, inescrutável, não pronunciável e incompreensível para todo ser criado.

Nós te louvamos, aquele que é reconhecido pelo próprio Filho Unigênito que, através dele, foi anunciado, representado e tornado conhecido para a natureza criada.

Nós te louvamos, aquele que reconhece o Filho e revela as suas glórias aos santos, a ti, aquele que é reconhecido por sua palavra gerada e no qual é visível o santo.

Nós te louvamos, Pai invisível, Doador da imortalidade.

Tu és a Fonte da vida, a Fonte da luz, a Fonte de toda misericórdia, e de toda verdade, Amante dos homens e Amigo dos pobres, que se reconcilia com todos e, através do sofrimento de seu amado Filho, atrai todos para si.

Pedimos-te: Transforma-nos em pessoas vivas; dá-nos o espírito da luz, para que te reconheçamos, o Verdadeiro, e aquele que Tu enviaste, Jesus Cristo.

Anunciando a onipotência do Pai

Synesius de Cyrene

Concede a teu cantor,
que, ao te exaltar no canto,
louvando a tua origem,
a alteza eterna do Pai
também o espírito, do mesmo trono,
do galho, do meio da raiz,
e anunciando a onipotência do Pai,
a alma cantando-te,
livre de dor, encontre a paz.
Glória a ti, fonte do Filho,
Glória a ti, reflexo do Pai,
Glória a ti, fortaleza do Filho,
Glória a ti, imagem do Pai,
Glória a ti, poder do Filho,
Glória a ti, beleza do Pai,
Glória a ti, espírito, ser eterno,
da unidade do Filho com o Pai:
Envia-o, Tu com o Pai,
que a minha alma se regozije
com a plenitude das dádivas divinas.

Deixa este coração amar-te

Rabanus Maurus

Todo-poderoso, a ti fala o meu sentimento, a ti,
 a miséria mais profunda do meu coração.
O que a minha língua, a minha mão e meus lábios
 rezam, o que é um coração arrependido,
 um agir honrado, um querer sagrado, é teu:
 teu louvor, teu canto, ó benévolo Senhor Jesus Cristo.
A ti presta homenagem, Senhor, todo o meu ser
 arrependido, porém alegre e, prostrado diante da
 tua cruz, diz: Deixa o broto da tua primavera, a dádiva
 do teu altar, deixa este coração amar-te!
Atiça somente esse fogo, somente este ardor queime
 minha alma, somente isso, me dê sede, fome e
 indescritível saudade – somente isso, que Tu
 me recebas benévolo, a mim pobre servo,
 que se oferece totalmente em sacrifício a ti, bom Jesus.

Oração de Wessobrunn

Composta em torno de 800 no Mosteiro de Wessobrunn

Apreendi isto junto aos homens, como o saber mais
 surpreendente: que a terra não existia, nem o
 firmamento, nem árvore, nem monte, nenhuma
 pedra e que o sol não brilhava, nem a lua reluzia e o
 maravilhoso mar não existia.
Quando, então, nada havia nas extremidades e voltas,
 havia o Deus todo-poderoso, o mais generoso de
 todos os seres e junto a Ele estavam muitos espíritos
 gloriosos.
E Deus é santo.

Senhor de minhas horas e de meus anos

Martinho Lutero

Senhor de minhas horas e de meus anos,
  Tu me deste muito tempo.
Ele está atrás de mim e está diante de mim.
Ele foi meu e se tornará meu,
  e eu o recebi de ti.
Eu te agradeço por toda batida do relógio
  e por toda manhã que vejo.
Eu te peço que me seja permitido deixar
  um pouco deste tempo livre de ordem e dever,
  um pouco, para o silêncio, um pouco para o folguedo,
  um pouco, para as pessoas em torno da minha vida,
  que precisam de um consolador.

ORAÇÕES PARA TODO O DIA

Agradeço-te por esta manhã

Misericordioso e bom Deus. Eu te agradeço por esta manhã. Tu me permites levantar novamente com saúde, para viver este novo dia. Abençoa este dia.
Abençoa o trabalho de minhas mãos, para que tudo que eu tomar em minhas mãos, se torne bênção para os homens.
Abençoa as pessoas que me são queridas e às quais me sinto ligado, minha família, meus amigos.
Abençoa as pessoas que encontrarei hoje, que os encontros nos tragam bênçãos, que cada um de nós saia enriquecido do encontro.
Abençoa as pessoas que hoje têm dificuldade de se levantar, porque têm medo deste novo dia.
Abençoa os que não podem se levantar, porque estão doentes.
Estende sobre eles a tua mão que abençoa e protege.
Abençoa as pessoas que me magoaram, as quais não encontro com prazer, porque não me sinto bem em sua presença.
Dá-lhes a tua paz. Se os encontrar hoje, faze-me lembrar que a tua mão abençoada também os acompanha.

Assim, abençoa este dia e tudo que me acontecer hoje, a fim de que eu reconheça a tua bênção e a vivencie.

Oração da manhã

Da Etiópia

Assim como Tu nos protegeste durante toda a noite
 e nos permitiste alcançar a luz do dia,
 protege-nos, ó Senhor, em bem-estar e paz,
 sem pecado e tentação, ó misericordioso.
Deus, nosso Senhor, nós te enaltecemos e te
 glorificamos.
Todas as multidões do céu te glorificam,
 os anjos te louvam e todos os seres rezam para ti.
Nós te enaltecemos, nós te santificamos,
 nosso Pai, nosso Senhor,
Nosso Deus, nosso Criador.

Liberta-nos da escuridão

Hino do Antifonário Beneditino

Tu, Deus da luz, igual ao pai,
luz da qual nasce nossa luz,
dia eterno, ouve nosso clamor
que, da noite, ao céu se levanta.

Liberta-nos da escuridão,
do medo da noite terrena,
retira de nós a fadiga,
que impede fazermos o bem

Tu, Cristo, és a luz do mundo,
o Deus da nossa confiança,
e, na escuridão deste tempo,
construímos em ti a esperança.

De todo coração louvamos
a ti Cristo, Senhor da glória
que, com o Pai e o Espírito,
ama-nos para todo o sempre.

Na viagem para o trabalho

Bondoso pai, agora que me dirijo para o trabalho, te peço abençoa-me, para que eu entre em meu local de trabalho com paz interior e alegria, para que eu possa cumprimentar gentilmente as pessoas que hoje trabalham comigo ou as que encontrarei no trabalho.
Durante a viagem já me preparo para tudo que me aguarda.
Eu te peço, esteja agora comigo no caminho, para que eu chegue seguro e calmo no meu local de trabalho.
E acompanha-me hoje o dia todo, para que eu também siga um bom caminho no trabalho, junto com aqueles que trabalham comigo e para os quais eu trabalho.
Transforma o caminho, que juntos trilhamos, num caminho que nos conduza, com vitalidade e liberdade sempre maior, para uma paz sempre maior.

Oração antes do trabalho

Misericordioso e bom Deus, abençoa hoje o meu trabalho.
Eu não sei o que me espera hoje.
Às vezes receio os constantes conflitos em meu local de trabalho, às vezes, me preocupa o futuro incerto de nossa empresa.
Abençoa o meu trabalho, para que, através dele, eu seja útil às pessoas pelas quais sou responsável e que aquilo que faço seja uma bênção para eles.
Abençoa as conversas com os colegas de trabalho, para podermos aproximar-nos na conversa.
Protege-me de ferir os outros.
Abençoa a reunião prevista para hoje, a fim de que possamos pensar juntos como podemos realizar melhor o nosso trabalho.
Protege-nos de desentendimentos e intrigas, que tantas vezes bloqueiam nosso "em conjunto".
Abre o nosso olhar para aquilo que os outros apresentam.
Dá-nos a fé na boa intenção, que também está em opiniões opostas.
Faze-nos escutar juntos, o que Tu queres nos dizer hoje, para que reconheçamos para onde Tu gostarias de conduzir-nos.

Como devo responder à mensagem? –
No trabalho

Bom Deus, não tenho ideia agora de como devo
responder ao e-mail em que o cliente se queixa do
nosso trabalho.
Eu gostaria de ser gentil. Mas, também me sinto
ferido por esta mensagem.
Envia-me o espírito da tua serenidade e amabilidade,
para que eu possa ser justo comigo e os meus colegas
e, ao mesmo tempo, com o cliente.
Permite que a mensagem abra novas possibilidades
para um trabalho em conjunto.

Eu estou em meio ao trabalho

Misericordioso Pai, eu estou em meio ao trabalho
e tudo vem para mim. Eu nem sei por onde devo
começar agora.
Dá-me calma, para que eu não permita ser deslocado
do meu centro pelas solicitações externas.
Abençoa aquilo que eu começar e concede que dê
certo.
Dá-me calma e clareza em meio ao burburinho, para
que, através do meu trabalho, possa surgir um pouco
mais de clareza e paz nas pessoas e entre elas.

No intervalo

Bom Deus, eu farei um intervalo agora.
Eu gostaria de sentir-te como um apoio em mim,
para que eu possa estar em chão firme, quando eu
recomeçar o trabalho.
Tu és o sopro que me permeia. Eu quero inspirar,
respirar aliviado e, mesmo, inspirar-te, para que o
teu sopro marque o meu trabalho e eu não fique
ofegante, mas que eu possa realizar, com o teu fôlego,
tudo que ainda falta fazer.
Acalma, no intervalo, tudo aquilo que agitou a minha
alma, para que eu possa recomeçar o trabalho com a
mente clara.

Oração ao meio-dia

Deus misericordioso, eu te agradeço pelas dádivas
que me entregas hoje ao meio-dia, fortalecendo-me
para o meu trabalho. Permita que eu saboreie estas
dádivas.
Tu conheces a minha pressa interior, engolindo
rapidamente a comida.
Presenteia-me, hoje, com calma ao comer, para que
eu não traga a agitação do trabalho para a refeição,
mas que eu esteja bem centrado em mim e que possa
sentir o que estou ingerindo.
Tu me fortaleces com as tuas dádivas. Tu permites que
eu saboreie a tua bondade em tuas dádivas.
Faze com que a refeição seja, realmente, saudável para
mim e abençoa o intervalo do meio-dia, para que,
depois, eu recomece o trabalho com prazer.

Junto a ti, deixa-nos repousar

Hino do Antifonário Beneditino

O calor do meio-dia nos agita
e as horas voando passam.
Deus, Tu que dominas o tempo
junto a ti nos deixa repousar.

Febris e agitados respiramos,
e a disputa em conflito irrompe.
Próximo a ti, Deus poderoso
há frescor, paz e paciência.

Isto dá-nos, Pai poderoso,
por Jesus Cristo, o Senhor,
que, com o Espírito e contigo,
reina por toda a eternidade.

Faze com que eu ande mais devagar

Da África

Faze com que eu ande mais devagar, Senhor.
Dá-me, em meio a agitação,
 a calma das eternas montanhas.
Alivia a batida apressada do meu coração,
 através do silenciar da minha alma.
Faze com que os meus passos sejam mais pausados,
 com o olhar voltado ao longo tempo da eternidade.
Ensina-me a arte do momento livre.
Faze com que eu ande mais devagar, para ver uma flor,
 trocar algumas palavras com um amigo, acariciar um
 cão, ler algumas linhas num livro.
Faze com que eu ande mais devagar, Senhor,
 e dá-me o desejo de afundar minhas raízes em solo
 eterno, para que eu cresça para o alto, em direção ao
 meu verdadeiro destino.

Oração para o tempo livre

Bondoso Deus, finalmente, é o fim do trabalho. Agora
 posso apreciar o tempo livre.
Livra-me de desperdiçar a folga, que me deste,
preenchendo-a com novas atividades.
Eu quero apreciar que estou livre. Eu quero sentir a
 liberdade, de não precisar trabalhar. Quando sinto
 em mim esta liberdade, então posso dedicar-me,
 prazerosamente ao que me aguarda em casa, junto à
 minha família ou ao que posso fazer com amigos.
Permite que tudo o que eu fizer neste tempo livre,
 respire o espírito da amplidão, da leveza, da
 liberdade, da alegria.
Preenche-me com a tua alegria, para que, através de
 mim, esta alegria possa passar para as pessoas com
 que convivo.

Eu te agradeço pelo dia que passou

Bom Deus, eu te agradeço pelo dia que passou.
Tu me presenteaste com muito.
Eu te agradeço pelos encontros que tive hoje, pelas
 conversas em que toquei o mistério que a todos nós
 envolve.
Realizei o trabalho com facilidade hoje.
Eu te agradeço por tudo com que tive êxito hoje.
Eu te agradeço por tudo, que Tu colocaste hoje em
 minhas mãos e que eu pude repassar aos outros.
Assim, eu me deito agradecido e me entrego às tuas
 boas mãos.
Envia-me, também hoje à noite, o teu anjo, para que
 ele me proteja e me guarde. E, que ele me envie bons
 sonhos que me mostrem novos caminhos para o dia
 de amanhã.

Nesta noite Tu me amparas

Bom Pai. O dia de hoje, simplesmente, passou por mim.
Eu não estava centrado. Simplesmente, vivi sem pensar.
Assim, ao menos agora à noite, quero te mostrar novamente este dia. Toma-o assim como ele foi. Se Tu o aceitares, então, consigo reconciliar-me com ele.
Eu deixo de culpar-me. Ele foi o que foi. E se ele estiver em tuas mãos, então tudo está bem. Então eu posso soltá-lo com a consciência tranquila e posso abandonar-me em tuas mãos.
Nesta noite, Tu me amparas com as tuas mãos boas e delicadas.
Faz bem, abrigar-me em teu amor. Assim, posso dormir em paz e confiar que, nesta noite, Tu me fortaleces para o novo dia, no qual Tu me dás uma nova chance de fazer tudo diferente e de recomeçar.
Assim, consente que eu durma em paz agora.

Cuida de nossa alma e corpo

Hino do Antifonário Beneditino

Ao esvair a luz do dia,
pedimos Senhor, Criador:
Com tua firme fidelidade,
sê guarda também nesta noite.

Seja afastado o pesadelo,
o fantasma da escuridão,
Senhor afasta o inimigo,
cuida de nossa alma e corpo.

Isto dá-nos, Pai poderoso,
por Jesus Cristo, o Senhor
que, com o Espírito e contigo,
reina por toda a eternidade.

Oração à noite

Deus misericordioso, a noite cai sobre mim, sobre
a minha casa, sobre o meu dia, sobre minha cidade,
sim, sobre o mundo todo.
Bendize esta noite, para que seja uma noite abençoada
para mim e para as pessoas às quais me sinto ligado,
que ela afaste o rumor interno com o seu silêncio e
que traga paz para o meu coração inquieto.
Nesta noite, cobre o que nos separa, fazendo com que
a escuridão e o silêncio nos unam num nível mais
profundo.
Através desta noite, dá-nos a possibilidade de um novo
começo em nossos conflitos não resolvidos.
Abençoa esta noite, para que o seu silêncio traga, às
pessoas atribuladas, a paz, por Cristo nosso Senhor.

Oração antes de dormir

Bom Deus, eu estou deitado na cama e me coloco em
tuas boas mãos.
Deixa-me ficar lá, protegido, cheio de confiança e
consolado.
Eu me aconchego em teus bondosos braços, como
uma criança se aconchega nos braços de sua mãe.
Envolve-me nesta noite com o teu amor e a tua paz.
Liberta-me de toda pressão sob a qual sempre me
coloco novamente.
Dá-me a capacidade de, simplesmente, me deixar cair
em teus braços, na confiança de que Tu me seguras e
me deixas dormir em paz junto a ti.

Com insônia

Misericordioso Deus, eu me viro de um lado para o outro e, simplesmente, não consigo dormir.
Eu gostaria de soltar tudo aquilo que me preocupa.
Mas, os pensamentos naquela conversa malsucedida, sempre retornam.
As preocupações com os meus filhos, não me largam.
Continuamente, eu repenso como serão as coisas comigo e minha família, se conseguiremos dar conta da vida.
Eu tenho medo de não ter força amanhã, por causa da minha insônia.
O que queres dizer-me na minha insônia? De quais ideias sobre a minha vida devo despedir-me? Eu me deito em tuas boas mãos com toda a minha inquietação e minha incapacidade de dormir.
Eu desisto da fixação sobre o dormir ou não dormir.
Eu me refugio nas tuas mãos, dormindo ou acordado, na confiança de que Tu me darás nova força, mesmo que eu não durma por muito tempo.
Orando, confio-me a ti. Eu não rezo para que me presenteies com o sono, mas eu rezo para que Tu me preenchas, sempre mais profundamente, com o teu Espírito.

Então, não é mais tão importante se eu estou acordado ou se durmo. Então, estou junto a ti e em ti, confiante que o teu espírito me reconfortará.

ORAR EM FAMÍLIA E COM CRIANÇAS

De manhã

Bom Deus, te agradecemos pelo novo dia, que
podemos começar juntos.
Pedimos-te: Abençoa este novo dia, para que se torne
um bom dia para nós.
Abençoa-nos, que agora estamos juntos como família
e faze com que sejamos uma bênção, uns para os
outros. Com a tua bênção, acompanha-nos hoje em
nossos caminhos.
Abre os nossos corações, uns aos outros, para que
sintamos do que os outros necessitam. Permite que
vivamos, juntos e agradecidos, este dia que nos dás.
Pensamos também naqueles que, hoje de manhã,
levantaram tristes, porque não tem o que precisam
para viver.
Pensa neles também, para que possam viver este dia
cheios de confiança.

Faze com que hoje eu te escute

Senhor,
Faze-me hoje
escutar-te, pensar em ti,
estar atento ao próximo.

Faze com que eu sinta
quando alguém está triste,
quando alguém está desconsolado,
quando alguém está deprimido.

Faze com que eu ajude,
quando alguém está solitário,
quando alguém é excluído,
quando alguém está isolado.

Antes da refeição

Pai no céu, Tu nos dás esta refeição.
Nós temos bastante para comer e somos gratos
  que Tu nos presenteias com dádivas que nos fazem
  bem.
Nós também te agradecemos pela companhia à mesa.
  Tu mesmo estás entre nós. Tu és o elemento que
  nos une.
Vamos, agora, saborear juntos as tuas dádivas e
  agradecer pela nossa união. É bom fazer a refeição
  em conjunto e apreciar a vida que nos ofereces
  diariamente.
Dá a todas as pessoas aquilo de que elas necessitam
  para viver.
E, não nos deixes esquecer, em nossa comunhão,
  daqueles que precisam comer sós, por não terem
  alguém com tempo para eles. Fica também com eles.

À noite

Bom Deus, nós te agradecemos pelo dia de hoje.
Nós te pedimos, deixa que esqueçamos tudo que hoje não foi bom. Faze-nos perdoar mutuamente, se nos tivermos magoado.
Preenche-nos todos, à noite, com a tua paz.
Dá-nos uma boa noite, para que possamos todos dormir bem, e que amanhã possamos nos levantar com alegria renovada em nós e em ti.
Protege-nos, nesta noite, fortalece nossa saúde e dá-nos uma noite calma, permitindo-nos descansar em teus braços, sem preocupações.

Antes de uma excursão

Deus misericordioso, hoje, todos juntos, podemos fazer uma excursão.
Nós te agradecemos, que temos tempo, um para o outro.
Nós te agradecemos pela paisagem bonita que nos aguarda.
E, nós te agradecemos pela união que podemos vivenciar hoje.
Abençoa a nossa excursão, para que possamos viver muitas coisas boas, que possamos aproveitar agradecidos aquilo que encontrarmos e que haja muita alegria em nosso grupo.
Faze desta excursão uma festa do "juntos".
Abençoa-a, para que ela nos avive a alma e que, juntos, experimentemos uma nova vivacidade.

Bênção no aniversário

Bom Deus abençoa o(a) N., que festeja o seu
aniversário hoje.
Nós te agradecemos por poder tê-lo(la) entre nós.
Nós te agradecemos pela sua maneira de ser, sua
vivacidade e alegria.
Abençoa o novo ano de vida, que o(a) N., inicia
hoje, para que ele(a) desenvolva novas capacidades
neste ano e que siga novos caminhos, que ele(a) se
aproxime cada vez mais da imagem que Deus fez
dele(a).
Tu nos presenteaste com o seu nascimento, porque,
com ele(a) Tu exprimes algo que só pode ser
expresso através dele(a).
Nós te agradecemos por poder alegrar-nos com ele(a).
Assim, te pedimos: abençoa-o(a), para que ele(a) se
torne, cada vez mais, uma bênção para os outros.

Bênção no dia do onomástico

Bom Deus abençoa o(a) N., que hoje tem o dia do onomástico.
Nós amamos o seu nome que nos diz algo de sua unicidade.
Faze com que ele(a) cada vez mais se aproxime daquilo que o santo N., representou em sua vida. Tu mesmo o(a) chamaste por nomes. Ele(a) te pertence. Tu nos presenteaste, através dele(a), com uma pessoa única.
Assim, pedimos ao patrono de seu nome que ele o(a) proteja, em especial no dia de hoje, e o(a) conduza cada vez mais ao mistério de sua vida, ao mistério de sua pessoa única e singular.

Na escolinha

Amado Deus, nós crianças estamos juntos aqui, para
  brincarmos e nos divertirmos.
Abençoa hoje o nosso tempo juntas, para que
  sejamos alegres, que nos tratemos bem e que
  brinquemos tranquilamente.
Faze com que sejamos gratos por toda criança que está
  entre nós.
Torna-nos abertos, para aceitarmos cada criança,
  ajudando-a.

No início das aulas

Bom Deus, no início das aulas, te peço: Abençoa
este ano escolar, para que eu aprenda o que necessito
para a vida.
Não me faças aprender somente a matéria que pode
ser recitada, mas deixa que eu aprenda a vida em si.
Pois, escola, vem da palavra *schola*, que significa lazer,
calma, pausa. Tu nos presenteias com o tempo
de escola sob forma de lazer, em que podemos
dedicar-nos às coisas que, muitas vezes, deixamos de
observar no dia a dia de trabalho.
Podemos ocupar-nos com o mistério da vida.
É-nos permitido fazer uma pausa, para entrar em
contato com o nosso próprio interior.
Permite que este tempo de escola seja um tempo
abençoado para mim, para que eu descubra, em mim,
as possibilidades e as capacidades que Tu me deste.
Faze-me usar este tempo de uma maneira que me
leve mais fundo ao mistério da vida, capacitando-me
para, mais tarde, na minha profissão, viver esta vida
de modo a ter significado e que possa render
frutos para as pessoas.

Numa viagem da escola

Misericordioso e bom Deus, hoje podemos viajar com
nossa turma da escola. Deixamos para trás o prédio
da escola com os seus compromissos e vamos de
encontro a um belo destino.

Abençoa essa viagem da nossa turma, para podermos
vivenciar a união entre nós de uma forma nova.

Hoje não estamos sob a pressão de ter que realizar algo.

Que seja este dia uma oportunidade para encontrar
cada um de modo a sentirmos o seu segredo, a
percebermos a sua unicidade.

Presenteia-nos com a compreensão entre nós. Torna-nos
sensíveis para darmos atenção também aos mais
quietos, deixando que se expressem.

Abençoa esta viagem, e que a convivência hoje
experimentada marque o nosso conjunto também
no dia a dia da escola e nos facilite os compromissos
escolares.

Na escola

Bom Pai, nós estamos reunidos aqui na escola,
para, juntos, aprendermos algo e nos ajudarmos
mutuamente nos estudos e na vida.
Faze-nos compreender, hoje, o que os professores e
professoras querem nos ensinar.
Faze com que ajudemos uns aos outros, para
aprendermos bem.
Dá-nos compreensão por nossas professoras e
professores, que se esforçam por nós e faze com que
também eles nos compreendam.
Ajuda-nos a nos tratarmos bem mutuamente, e que
amparemos uns aos outros.
Abençoa este dia de aula, para trazer-nos bênção na
vida futura.

No primeiro dia de aula após as férias

Bom Deus, hoje reiniciam as aulas após as férias.
É difícil, para nós, voltar à escola depois das férias boas.
Abençoa as próximas semanas na escola, para
   aproveitarmos a chance de estudar para a vida e,
   assim, criarmos uma boa base para a nossa vida.
Torna-nos receptivos para aquilo que as professoras
   e professores querem nos transmitir.
Abençoa a nossa classe, para que nós tenhamos um
   bom relacionamento e que ninguém seja excluído do
   nosso grupo.
Abençoa todos que estão em nossa sala, que eles se
   sintam bem e que estudem, com prazer, aquilo que
   precisam para a vida.
Abençoa o nosso estudo, para que nos tornemos
   cada vez mais sábios, e alcancemos o objetivo que
   traçamos para a nossa vida.
Faze-nos aproveitar a chance de estudar e de nos
   preparar, cada vez mais, para a vida.

Antes de provas

Bom Deus, as provas começam finalmente!
Desperta toda a capacidade e saber em nós.
Dá-nos calma, força e concentração.
Ajuda-nos a reconhecer o essencial
  e dá-nos as palavras certas.
Deixa que confiemos em ti, pois Tu queres
  que confiemos em nós mesmos.
Jesus, Bom Deus, Tu mesmo conheces as provações
  da vida.
Às vezes Tu colocas fardos pesados
  em nossos ombros,
  mas, Tu nos ajudas a carregá-los.
Tu também não nos abandonas nas provas.
Tu nos dás esperança e confiança.
Mesmo em situações difíceis, dá-nos
  esta confiança nos próprios talentos
  e capacidades.
Faze-nos confiar que fizemos nosso melhor
  possível na preparação.
Dá-nos inspiração,
  para que nossas preparações e esforços
  não tenham sido em vão,
  e dá-nos serenidade e paciência
  para a resolução de nossas tarefas.

Por coragem e força

Bom Deus, sinto-me sem coragem muitas vezes.
 Então tudo se torna pesado para mim. Não tenho
 vontade para estudar, para ir à escola, encontrar-me
 com os outros. Tudo me parece tedioso e um peso.
Dá-me a tua força, para que eu encontre novamente
 coragem de começar o que precisa ser feito hoje.
 Afasta todos os pensamentos e sentimentos tristes
 do meu coração e enche-me de alegria, vitalidade e
 confiança.
Dá-me a certeza de que eu darei conta da minha vida
 e que vale a pena viver. Abre o meu olhar para as
 coisas boas que já me deste e que também queres me
 dar hoje.
Faze com que eu possa caminhar na vida pleno de
 confiança.

ALEGRIA E SOFRIMENTO
Orações em situações especiais

Oração na tristeza

Bom Deus, hoje a tristeza se apossa do meu coração.
O pensamento em ti também não consegue afastar
esta tristeza. Ela sobe das profundezas e me paralisa.
Eu te trago a minha tristeza. Faze-me reconhecer o
que me entristece. Seriam desejos exagerados para
a minha vida? Seriam as decepções que a vida me
trouxe?
Eu te mostro o meu coração triste e te peço: deixa
fluir a tua luz e o teu amor na minha tristeza. Então,
em minha tristeza, sinto-me amado por ti e unido
a ti. Sim, então a minha tristeza me leva a ti e ao teu
amor. Assim, surge uma paz profunda em mim.
Às vezes, pude fazer esta maravilhosa experiência, em
que a minha tristeza me levou ao fundo da minha
alma, onde te encontrei como a luz que ilumina
minha escuridão, como o amor que me preenche e
como a alegria, que transforma minha tristeza.
Assim, também hoje, te peço que a tua luz, o teu
amor, e a tua alegria permeiem todos os sentimentos
tristes, para que, com a minha tristeza, eu me sinta
abrigado em ti e amado por ti.

Oração no medo

Misericordioso e bom Deus, Tu conheces todos os meus medos: meu medo de fazer má figura diante dos outros, meu medo de ir de encontro aos outros, de ser magoado pelos outros, o medo do novo que se aproxima de mim. Eu te trago o meu medo e a fraqueza de vencê-lo.

Tu sabes das minhas muitas tentativas de lutar contra o meu medo. Elas não me ajudaram. Ao contrário, o medo tornou-se cada vez maior.

Estende a tua mão abençoada sobre mim e o meu medo. Transforma o meu medo, para que ele me leve mais perto de ti, que ele me remeta a ti. Em tuas mãos estou seguro com o meu medo. Liberta-me das ilusões que eu mesmo criei sobre mim, no sentido de que eu, sempre, teria que ser bem-sucedido e autoconfiante.

Leva-me, através do medo, para o interior da minha alma, onde Tu habitas. Lá, o medo não tem permissão de entrar. Deixa que eu descanse um pouco e me regozije neste espaço do silêncio, uma vez que, lá no íntimo da minha alma, estou livre do medo. Permite que, deste espaço do silêncio, eu me dirija ao mundo com confiança e sem medo de que o medo, novamente, tomará conta de mim no mundo.

Reconcilia-me com o meu medo, para que ele sempre me lembre de ti e do espaço interior, no qual habitas em mim e me libertas de todo medo.

Agradeço por tudo com que me agraciaste

Bom Deus, eu te agradeço por tudo que me deste.
Tu me destinaste muitas aptidões. Tu me deste
 este corpo, em que minha alma gosta de habitar,
 em que Tu mesmo habitas. Com ele posso me
 alegrar, posso amar, mas posso, também,
 trabalhar e me exercitar.
Tu me presenteaste com pessoas boas: meus pais,
 meus irmãos, meus amigos.
Tu sempre me enviaste, no momento certo, uma pessoa
 que, para mim, se tornou um anjo e me ajudou a
 seguir o meu caminho.
Tu me acompanhaste no meu caminho, mesmo que,
 às vezes, eu não tivesse te sentido ou te dado atenção.

Oração por confiança

Deus misericordioso, eu anseio por poder passar confiante pela vida. Mas, muitas vezes, sinto desconfiança e medo.
Eu gostaria de confiar em ti. E, às vezes, tenho dúvidas se eu posso confiar em ti. Pergunto-me, então, se não estaria me enganando com isto.
Transforma as minhas dúvidas numa confiança, que crê em tuas palavras, que confia em tua presença curadora e amorosa.
Concede-me, também, esta confiança quando eu estiver diante de situações difíceis e não souber como continuar. Faze-me confiar, que Tu me seguras em tuas mãos bondosas, que estendes a tua mão protetora sobre mim e que me mostras o caminho certo que devo seguir.
Presenteia-me também com a confiança em mim mesmo.
Muitas vezes, eu duvido de mim, eu tenho medo do que os outros possam pensar de mim, se eu faço uma má figura diante deles. Eu gostaria de ter uma autoconfiança tão forte, que não me afetaria mais o que os outros falam de mim.

No entanto, não gostaria de colocar-me acima deles.
Simplesmente, gostaria de poder ser, com confiança,
aquele que sou, livre da pressão de ter que provar algo.
E, eu não queria girar continuamente em torno
de mim mas, simplesmente, voltar-me à vida e às
pessoas que colocaste ao meu lado.
Presenteia-me, também, com confiança nas pessoas –
mesmo naquelas que abusaram da minha confiança.
Apesar de tudo, faze-me acreditar no cerne bom
deles.
Dá-me uma confiança, que sustente aquele que não
pode confiar, que crie um espaço em torno dele, em
que ele se sinta aceito e em que floresça aquilo que
está em seu interior.
Tu, mesmo, tens confiança em mim e nas pessoas com
que convivo.
Eu gostaria de aprender contigo, como difundir uma
atmosfera de confiança, em que as pessoas se abrissem
mutuamente, em que se confiassem a ti e se sentissem
amparadas por ti.

Agradeço-te por todo instante

Eu te agradeço por todo instante, pois em todo instante estás comigo.

Em todo instante queres agraciar-me: com a beleza da natureza, que me dá prazer, com encontros, que me tocam, com palavras, que me mostram o caminho, com um olhar gentil, que abre o meu coração.

Eu te agradeço que me fizeste assim como sou: singular e único.

Tu me escolheste para expressar algo de ti neste mundo, que só pode ser expresso por mim.

Por isto, eu agradeço-te por esta vida, por todo instante em que posso respirar, sentir, amar e alegrar-me.

Eu agradeço que estás junto a mim e que me aceitas incondicionalmente, mesmo que isto não seja tão fácil para mim.

Eu te peço que eu possa passar agradecido pela vida e que, através da minha gratidão, as pessoas que me cercam, também se tornem abertas para o mistério de sua vida.

Oração por consolo

Misericordioso e bom Deus. Eu preciso de consolo em meu luto.

Eu estou triste porque perdi esta pessoa querida. Eu estou triste, porque, hoje, tanta coisa não deu certo no meu trabalho e na minha vida. Eu estou triste, porque o relacionamento em que vivo, no momento, é tão difícil e eu me sinto tão ferido.

Ajuda-me. Eu preciso de tuas palavras que me consolam.

Eu preciso de alguém que me seja consolo, com quem eu possa contar e que suporta o meu choro e a minha aflição. Envia-me pessoas assim, como consolo na minha desolação.

Sê, Tu mesmo, o meu consolo. Eu confio que Tu me suportas e que ficas comigo, ainda que, até mesmo eu, preferiria fugir de mim. Dá-me firmeza com o teu consolo, para que eu possa sentir o chão sob os meus pés e, novamente, ser responsável por mim.

Dá-me coragem para a vida e para lutar por meu futuro

Bom Deus, eu tenho medo do próximo passo.
Eu tenho medo da decisão, diante da qual
　me encontro em minha profissão. Eu preferiria
　esconder-me e não me decidir. Eu não gostaria de
　enfrentar os problemas. Eles são demais para mim.
Dá-me coragem, para enfrentar as coisas dignamente e
　para assumir a luta pela vida, mesmo que, nisso
　eu me machuque.
Presenteia-me com a coragem para a vida e para lutar
　pelo meu futuro e para arriscar, também, o empenho
　pelos outros. Muitas vezes, covardemente, eu não
　olho quando outros estão necessitados. Encoraja-me
　a enfrentar aqueles que importunam os outros no
　transporte coletivo. Não sou suficientemente
　corajoso.
Dá-me a coragem, que me possibilite denunciar a
　injustiça e defender o que é justo.

Oração por força

Senhor, sinto-me fraco muitas vezes. Em casa, eu
 deveria resolver algo, mas não tenho força para tanto.
Eu deveria enfrentar o conflito, mas eu me esquivo.
Eu não tenho força para enfrentar os problemas.
Bom Deus, Tu enviaste o Espírito Santo. Ele não
 é um espírito do desânimo, e sim, um espírito de
 poder e força.
Envia-me o Espírito Santo, para que eu sinta nova
 força em mim, a força que preciso para a vida.
Enche-me com o teu Espírito Santo, para que Ele
 atravesse a minha debilidade e a transforme em
 vigor; que transforme a minha fraqueza em força e o
 meu medo, em confiança.

Oração por serenidade

Bom Deus! Eu perco o equilíbrio facilmente. Incomoda-me quando o meu vizinho tosse de forma estranha.

Eu não consigo desprender-me de coisas que não deram certo. Eu me exalto, sempre de novo, porque as coisas deveriam ser diferentes. Eu culpo a mim e aos outros.

Presenteia-me com o espírito da serenidade, para que eu possa, simplesmente, soltar as coisas passadas.

Dá-me a capacidade de soltar antigas mágoas, e de não utilizá-las como pretexto para não me levantar e viver.

Às vezes, sinto-me impulsionado a influenciar outras pessoas, a ensinar-lhes para que, enfim, compreendam aquilo que está claro para mim.

Dá-me o dom da serenidade, para que eu deixe as pessoas serem como são, que eu aceite uma situação, sem me aborrecer com ela constantemente e que, eu mesmo, possa entregar-me.

Faze-me soltar tudo que me impede de viver o momento presente.

Faze-me soltar, principalmente, todas as minhas próprias imagens, para que resplandeça, em mim, a tua imagem, aquela que de mim fizeste.

Por conselho e compreensão

Pai misericordioso, eu estou indeciso sobre o que fazer.
Devo dirigir-me ao meu colega de trabalho e conversar
 com ele sobre o problema que tenho com ele?
Ou, ele reagirá de forma que o nosso relacionamento
 piore ainda mais?
Dá-me o conselho lá, onde eu não sei o que fazer.
 Mostra-me o que devo fazer, o que é o melhor para
 mim e para o outro.
Eu sinto que, por mim só, não posso percebê-lo. Eu
 preciso do teu conselho que me possibilite fazer a
 coisa certa.
Eu preciso do teu espírito de aconselhamento, que nos
 prometeste no Espírito Santo. Então, cheio de
 confiança, farei o que é certo.

Com dúvidas

Deus misericordioso e bondoso, muitas vezes,
fico em dúvida se estou, mesmo, vivendo
corretamente.
E ultimamente, muitas vezes, duvido se Tu realmente
existes ou se és, somente, uma projeção de nossos
desejos infantis.
Eu não consigo afastar as dúvidas. Quando quero
resolvê-las, elas sempre ressurgem insistentes.
Dá-me o espírito de clareza, para que as dúvidas não
tirem a minha fé, mas que me ajudem a clarificá-la
e a descobrir o essencial da minha fé.
Dissolve as dúvidas, para que cresça a confiança em
mim e que eu possa retransmitir essa confiança para
os que duvidam mais do que eu.

Na solidão

Bom Deus, eu sinto-me tão só, abandonado. Ninguém
se importa comigo.
Os outros vão passear hoje à tarde. Ninguém se
importa comigo.
Ninguém me convidou. Os outros não se lembraram
de mim.
Eu estou só, solitário.
Transforma a minha solidão para que eu me torne uno
comigo mesmo e ao tornar-me uno comigo, eu me
sinta amparado por ti.
Transforma a minha solidão, para que ela se torne –
como disse Peter Schellenberg –, "união com tudo".
Então, na minha solidão, vou vivenciar
que eu estou uno com tudo, com todos os homens,
com todo o universo, com a existência e, finalmente,
com Deus.
Então, a minha solidão se dissolve na experiência do
"estar uno" e de estar amparado.
Eu não quero fugir da minha solidão, senão ela sempre
me alcançará de novo.
Eu a trago a ti, para que a transformes e me conduzas
para a unidade – comigo mesmo, com os homens,
com o universo e contigo, meu Deus, aquele que me
ampara.

Antes de uma meditação

Bom Deus, agora, eu gostaria de usar o tempo para a
meditação. Eu, simplesmente, gostaria de ficar
diante de ti em silêncio. Afasta a minha agitação
interior, para que eu possa abandonar-me,
silencioso, no teu amor.

Afasta, nesta meditação, os muitos pensamentos que,
sempre de novo, passam pela cabeça e leva-me
até o fundo da minha alma, em que já está silencioso,
onde Tu mesmo moras em mim.

Preenche-me, nesta meditação, com o teu Espírito
Santo, para que Ele entre em todos as áreas do meu
corpo e da minha alma. Então, em ti, torno-me bem
calmo.

Então, sou capaz de aceitar-me, pois Tu já preenches
tudo em mim com o teu amor.

Abre-me, nesta meditação, para o teu amor, para que
eu me torne capaz de irradiá-lo depois, também,
para este mundo.

Oração da sabedoria

Eclo 14,20–15,6

Feliz é quem se aplica à sabedoria e raciocina com sua inteligência;
que medita no coração, em seus caminhos, e reflete em seus segredos.
Ele vai à sua procura como um caçador e fica à espreita em seus caminhos.
Olha com atenção através de suas janelas e fica à escuta em suas portas.
Posta-se ao lado de sua casa e finca as estacas dentro de seus muros.
Arma sua tenda junto a ela e se aloja na moradia da felicidade.
Entrega os filhos à sua proteção e abriga-se debaixo de seus ramos.
À sua sombra, protege-se contra o calor e fixa residência em sua glória.
É o que fará quem teme o Senhor; e quem se apega à Lei, conquista a sabedoria.
Ela virá a seu encontro como mãe, e como uma esposa virgem o acolherá.
Com o pão da inteligência o alimentará e da água da sabedoria lhe dará a beber.

Ele se apoiará sobre ela e não tombará, nela confiará e
não será confundido.
Ela o exaltará entre os seus companheiros e lhe abrirá
a boca no meio da assembleia.
Ele encontrará alegria e uma coroa de júbilo e obterá
por herança um nome eterno.

Oração por amor

Bom Deus, eu anseio por amor. Anseio por ser amado, incondicionalmente, por alguém e que eu possa retribuir esse amor, que eu ame e seja amado.

No momento, não sinto amor. Eu sinto como, às vezes, surge a saudade de uma pessoa e que gostaria de amá-la. Mas não percebo reação alguma nesta pessoa. Parece que não me vê. Ela não corresponde ao meu amor e eu não tenho coragem de demonstrar ao outro o meu tímido amor.

Presenteia-me com o amor que me una a uma pessoa.

Presenteia-me com uma pessoa que me ame como sou, que queira seguir o caminho comigo, que queira dividir a sua vida comigo.

E presenteia-me com o amor, para que eu possa retribuir o seu amor. Não deixa que o meu amor caia no vazio, mas que seja retribuído e bem-sucedido.

Oração por amizade

Deus misericordioso, eu sinto falta de um amigo
que me compreende e com o qual posso falar sobre
tudo o que sinto.
Eu sinto falta de uma amiga, que nada exige de mim,
mas em quem eu posso confiar, que está presente,
quando dela preciso e da qual não preciso me
esconder.
Eu gostaria de ter um amigo, com quem eu posso falar
honestamente, também, sobre as minhas fraquezas,
sem ser criticado ou julgado.
A ninguém posso obrigar ser meu amigo. Eu sinto que
a amizade, quando dá certo, sempre é um presente.
Presenteia-me com o dom da amizade, para que eu
encontre amigos e que eu possa viver com eles de
modo a que nós nos amparemos e nos completemos
mutuamente e que possamos confiar um no outro.
Abençoa as amizades que eu já tenho, mas que não
correspondem às minhas verdadeiras expectativas.
Tua bênção tem o poder de transformar, também,
estas amizades, para que elas venham a ser uma
bênção para mim e para os meus amigos.

Oração pela libertação do ego

Bondoso Deus, Tu, Deus da liberdade, muitas vezes, eu percebo como giro em torno de mim mesmo e como estou preso a mim mesmo. Em tudo o que eu faço, pergunto-me se aquilo é bom o suficiente ou o que me trará. Constantemente, planejo tudo que pretendo fazer hoje e qual será o resultado para mim. Quando rezo, continuo pensando nas mil coisas que ainda estão por fazer.

Eu gostaria tanto de, simplesmente, soltar-me na oração.

Simplesmente, só estar diante de ti e perceber a tua presença.

Mas, o meu ego, que tudo a si relaciona, que tudo julga e que, com tudo que faz, sempre pretende conseguir algo – até com a oração – sempre se interpõe perturbador.

Liberta-me da escravidão do meu ego. Faze com que eu esteja presente simplesmente, sem refletir até onde já cheguei em meu caminho espiritual, se eu te vivencio ou não, se já estou sereno ou não. Eu gostaria de me libertar do vício de relacionar tudo a mim e de tudo julgar.

Eu gostaria de poder, simplesmente, esquecer-me em oração diante de ti, para, somente, a tua presença importar e não a experiência que estou tendo no momento. Eu pressinto que este "esquecer-me" liberta-me do domínio do meu ego.

Oração pela autoaceitação

Misericordioso Deus, para mim, é tão difícil aceitar-me. Há tanta coisa que me desagrada em mim: a minha impaciência, a minha inquietação, a minha superficialidade, a minha irritabilidade.
Tudo aquilo que me incomoda em mim eu te apresento.
Eu sei que Tu me aceitas incondicionalmente. Tu não me avalias, nem me julgas.
Sou, eu mesmo, que age tão impiedoso comigo.
Ou, talvez seja o juiz interior em mim, que não consigo fazer calar.
Eu te trago a minha impotência de aceitar-me. E eu confio que a tua aceitação seja maior do que a minha incapacidade de aceitar-me.
Eu te trago minhas mãos vazias. Eu desisto de me autoavaliar. Eu sei que Tu preencherás o meu vazio com o teu amor. E eu sei que Tu aceitas tudo aquilo em mim, que não sou capaz de aceitar.

Pela coragem de ser mais indulgente comigo

Mesmo sabendo que Tu me aceitas, fica-me difícil
  acreditar nisso.
Às vezes, também gostaria de esconder de ti os lados
  que, eu mesmo, não quero olhar.
Mas agora vou me aventurar.
Olha as minhas mãos, nas quais te trago a minha
  verdade.
Olha no meu coração, não quero fechá-lo diante de ti.
Eu deixo que Tu olhes para todas as profundezas
  da minha alma, para que o teu olhar bondoso
  transforme tudo em mim.
Quando o teu amor impregna tudo em mim, então
  também sou capaz de olhar tudo em mim com um
  olhar benevolente.
Pois, o teu olhar bondoso está sobre tudo o que há em
  mim.
Isto me dá a coragem, de ser também mais bondoso
  comigo e, na confiança em teu amor incondicional,
  amar-me a mim mesmo, assim como me tornei.

Com sentimentos de culpa

Bom Deus, a minha consciência me acusa. Sinto em
   mim muita autocensura. Sempre me culpo, de novo,
   por ter sido tão descuidado com o colega, por ter
   perdido a paciência com os meus filhos, ter contado
   algo tolo e usado palavras ofensivas.
Não posso anular o feito. Mas, também não consigo
   libertar-me dos meus sentimentos de culpa.
Eu te trago esses meus sentimentos de culpa. Eu
   desisto de culpar-me.
Eu, simplesmente, te apresento o que está em mim.
Eu entrego tudo para o teu julgamento. Mas eu confio
   que Tu aceites tudo em mim, também aquilo que
   não foi tão bom e no que me tornei culpado.

Eu te apresento o meu coração

Eu te apresento o meu coração com tudo aquilo que agora surge em mim.

Eu não gostaria de esconder algo de ti. Pois, diante de ti posso ser tudo.

Através do teu olhar amoroso, tudo que é negativo em mim, perde o poder.

Ainda está lá, mas não me tem mais em seu poder.

Eu sinto que a minha culpa não me separa de ti, mas que ela me remete a ti e a tua graça.

Olhar para a tua misericórdia, liberta-me dos círculos de meus sentimentos de culpa. Eu paro de me condenar, porque Tu não me condenas, mas me aceitas incondicionalmente.

Lembro o que João escreveu em sua primeira carta: "Mesmo que o coração me condene – Deus é maior que o nosso coração, e Ele tudo sabe" (1Jo 3,20).

Oração no sofrimento

Deus todo-poderoso e misericordioso. Eu simplesmente não entendo porque me designaste este sofrimento.

Sempre tentei seguir os teus mandamentos, rezar e viver segundo o espírito de Jesus Cristo. Por que não afastaste este sofrimento de mim?

Pois Tu és todo-poderoso. Então, Tu também podes curar a minha doença.

E Tu não precisavas deixar que o meu amigo falecesse.

Se Tu és misericordioso, porque não me poupaste destas dores incomensuráveis?

Eu sinto em mim a tentação de me fechar para ti. Nada tem sentido mesmo.

Não ajuda, se rezo para ti. Pois, tudo acontece como, evidentemente, tem que acontecer.

Mas, mesmo assim, não quero me afastar de ti. Minha história contigo é importante demais para mim para me fazer desistir e me afastar de ti. Eu faço como os judeus religiosos, que te acusam mas, no sofrimento, não deixam de chamar por ti.

Escuta-me para que a minha dor se amenize

Eu clamo por ti em minha dor. Escuta-me, para que a dor se amenize.

Mostra-te a mim, para que eu não me sinta abandonado em meu sofrimento.

Envia-me o teu Espírito Santo, para que eu não desista de mim, mas que eu continue o meu caminho, na confiança de que, a qualquer momento, eu compreenda o significado de tudo. Não esconda o teu rosto de mim!

Mostra-te a mim como Deus clemente e misericordioso.

Transforma o meu sofrimento, para que, através das lágrimas, eu te reconheça, de novo, como aquele que, em momento algum de minha vida, me abandonou e que comigo segue em todos os caminhos.

Oração na doença

Santo Deus, Tu és o verdadeiro médico da minha alma
e do meu corpo.
Eu venho a ti por causa da minha doença. Eu pensei
que eu estivesse em harmonia com o meu corpo.
Mas agora esta doença me alcançou. Eu estou
desapontado comigo mesmo. E eu estou furioso, que
a doença transtornou os meus planos. Eu tenho que
cancelar tantos compromissos.
Muito daquilo que eu planejei, nunca mais vou poder
realizar.
Por que esta doença me atingiu? O que fiz de errado?
O que deixei de observar em mim? O que a doença
quer me dizer?

Deixe fluir o teu Espírito curador em minhas feridas

Misericordioso Deus, eu desisto de descobrir as causas
 da minha doença. Eu não sei por que ela me atingiu.
Assim, peço-te que me ajudes em minha doença.
Cura as minhas feridas. Deixa fluir o teu Espírito
 curador, teu amor em minhas feridas, para que elas
 sarem.
Dá-me força em minha doença, para que eu possa
 suportá-la, para que eu seja aberto por ela, para o meu
 verdadeiro eu.
Eu não te solto em minha doença. Eu sinto rebelião
 contra ti.
Mas, mesmo assim, me seguro em ti. Eu gostaria de
 saber quem és.
Em minha doença, Tu te mostras diferente do que até
 então.
Mas eu confio que não me abandones e que Tu
 ressurjas novo para mim em minha doença,
 como o incompreensível, e, mesmo em sua
 incompreensibilidade, como o Deus que me ama e é
 misericordioso para mim.

Oração no aborrecimento

Bom Deus, eu me aborreci muito com o colega de trabalho que fez o seu trabalho descuidado e, com isso, criou problemas para mim. E a maneira com que ele arranjou pretextos, atribuindo a falha a mim, aborreceu-me.

Eu não consigo livrar-me do aborrecimento. Assim, trago a ti este aborrecimento e peço-te: Faze fluir o teu amor e a tua misericórdia neste aborrecimento, para que ele se dissolva, para que eu me liberte dos diálogos interiores.

Preenche o meu coração com o teu amor, para que eu possa, novamente, acalmar-me. Eu não quero dar tanto poder, ao aborrecimento sobre mim.

Eu sinto que ele não me faz bem. Porque, então, serei mandado pelo outro. Mas eu gostaria que o teu espírito me preenchesse e orientasse os meus sentimentos. Isto é melhor para mim. Então, eu posso respirar aliviado novamente e sentir-me livre.

Assim, peço-te: Transforma o meu aborrecimento em clareza e paz, mas também, em força para libertar-me do outro, para que eu possa dedicar-me, de novo, completamente, a ti e às pessoas que eu encontrar em casa, na família.

Oração no ciúme

Bom Deus, cada vez em que estou em encontros
sociais com o meu cônjuge, eu fico ciumento(a),
porque todos dão atenção ao meu companheiro(a).
Eu fico de lado. Eu não sou interessante. Muitos
homens rodeiam a minha esposa, muitas mulheres
admiram o meu esposo.
Isto me faz ficar com ciúme. Porque eu conheço o lado
fraco de meu(minha) companheiro(a).
Eu sinto-me impotente diante do meu ciúme. Quando
estou só, o ciúme se manifesta em mim.
Eu te trago o meu ciúme. Leve-me, através do meu
ciúme, até o fundo da minha alma, onde eu anseio
por amor ilimitado e absoluto.
Eu sei que o nosso amor humano sempre é limitado.
Faze-me pressentir que o teu amor divino está em
mim – um amor que é ilimitado e incomensurável.
Transforma o meu ciúme, para que, afastado dos
meus sentimentos, ele me remeta ao teu amor
incondicional, que sempre me envolve, pois somente
ele pode dar-me a verdadeira calma e paz.

Oração na inveja

Bondoso Deus, eu me aborreço com os meus
  sentimentos de inveja.
Mas, quando vejo como o meu vizinho sempre tem
  sucesso, como ele pode tudo se permitir, como ele é
  benquisto em seu ambiente e que todos o admiram,
  então surge a inveja em mim. E, eu nada posso fazer
  contra esses sentimentos de inveja. Quando eu quero
  reprimi-los, eles surgem de novo.
Assim, eu te apresento a minha inveja. Faze a tua luz
  penetrar em meus sentimentos de inveja, para que eu
  reconheça qual anseio está nela contido.
Sim, eu anseio por ser benquisto em todo lugar, que
  eu tenha sempre sucesso, que eu tenha dinheiro
  suficiente para a vida. Eu trago o meu anseio para ti.
Diante de ti, eu compreendo que, nem o
  econhecimento pelas pessoas, nem a riqueza, podem
  preencher o meu anseio mais profundo. Somente Tu
  o aplacarás.
Eu te trago, em meus sentimentos de inveja, o
  meu anseio, para que Tu acalmes o meu coração.
  E, na minha inveja, eu te peço pelo dom do
  agradecimento, para que eu olhe, agradecido, tudo
  aquilo com que me presenteaste.

Oração na resignação

Senhor Jesus Cristo, com a tua Ressurreição, Tu
venceste a resignação da morte, transformaste a
manhã cinzenta do meu dia a dia e a mergulhaste na
luz da tua glória divina.

Permite que eu possa vivenciar-te como o ressuscitado
em todas as situações do meu dia a dia: no meu
trabalho, na frustração, na decepção, no convívio e na
solidão.

Faze-me compreender que, da margem da eternidade,
Tu já entraste na minha vida e que mergulhas a
minha vida na luz suave do teu amor.

Concede, também, que eu possa vivenciar a
Ressurreição no meu dia a dia, que eu ressuscite da
sepultura do meu medo e resignação – para a vida
com que me presenteias.

ORAÇÕES
NA
MEDITAÇÃO
COTIDIANA

Habita em mim

Misericordioso e bom Deus, preenche a minha casa
com a tua luz e o teu amor.
Mostra-me onde soterrei a tua imagem em mim, sob
as minhas preocupações e a minha atividade, sob os
meus medos e tristezas, sob os muitos pensamentos
que tenho sobre mil coisas do cotidiano.
Afasta, em mim, o que esconde a tua imagem dentro
de mim.
Habita em mim, para que eu possa habitar todos
os aposentos de minha casa, para que, contigo, eu
possa viver em minha casa e que em ti e contigo,
eu encontre a mim mesmo, da maneira que Tu me
criaste e formaste.

Abre-me

Bom Deus, abre os meus ouvidos, para que nestes dias
dos exercícios, eles entendam a tua palavra, que eu
escute a tua palavra com o coração e que eu me deixe
transformar por ela.
Torna-me sensível aos delicados impulsos com que
me falas. Abre a minha boca para que ela te louve e
glorifique por todo o bem que me fizeste.
Através do teu Espírito Santo, dá-me a capacidade
para que as palavras que digo sejam de consolo e de
encorajamento para as pessoas.
Faze com que sejam palavras de amor, que curam e
consolam, que reconciliam e libertam, que abrem
um novo horizonte, que rompem o céu sobre o
hermetismo dos homens e lhes transmitem que a sua
vida é valiosa e única.

Expressa a tua palavra de amor e aprovação

Senhor, eu venho com tudo aquilo que não gostaria
de ver em mim, tudo de insignificante e tudo de
insuportável que gostaria de esconder dos outros,
como a lepra, que me exclui do convívio humano.
Eu te mostro a minha verdade e te peço: Toca-me
com as tuas mãos amorosas, para que também eu me
atreva a entrar em contato com os outros com tudo
aquilo que está em mim; também com o escuro e o
desagradável, com o reprimido e o excluído da vida.
Dize a tua palavra de amor e afirmação, para que eu
mesmo possa aprovar-me e aceitar-me com tudo que
está em mim. Para que eu possa compreender, com
o coração, que, diante de ti, tudo em mim é bom e
puro.

Vivenciar Deus no íntimo do meu coração

Senhor Jesus Cristo, Tu nos ensinaste como devemos rezar.
Ensina-me, nestes exercícios, a rezar de modo a que eu possa vivenciar Deus no íntimo do meu coração.
Faze-me entrar em contato com o espaço mais profundo do meu coração, em que, Tu próprio moras, no qual eu posso estar completamente livre e curado, em que Tu me levas a mim mesmo, ao meu verdadeiro ser.
Faze-me vivenciar lá, onde Tu moras em mim, aquilo que Santa Teresa pôde vivenciar tão afortunadamente: que nada falta àquele que tem a ti, que, somente Tu, és o bastante.

Agradeço-te por ser teu filho

Pai no céu, o teu Filho Jesus Cristo nos ensinou a
 tratar-te pelo nome familiar *Abba*, querido Pai.
Eu te agradeço por ser teu filho e não mais um escravo,
 que é medido pelos seus feitos.
Permite-me viver na liberdade dos filhos de Deus e,
 na confiança de que Tu, como Pai, me encorajas e
 me dás cobertura, para que eu me atreva a viver, em
 liberdade, a vida com que me presenteaste: uma vida
 plena, colorida e cheia de alegria.

Tu nos presenteias com o teu Espírito Santo

Inconcebível Deus, na oração Tu nos presenteias com o teu Espírito Santo, para que Ele nos transforme e nos ilumine.

Eu te agradeço por todos os momentos de transfiguração que pude vivenciar em minha vida, por toda palavra que me ilumina, por todo olhar de amor que me transformou, pelos momentos em que tudo ficou claro para mim e nos quais pude dizer "Sim" para a minha vida, para a minha história, para este mundo em que me colocaste.

Faze-me rezar, nestes dias dos exercícios, de tal forma que Tu me preenchas completamente e me transformes, para que a tua glória resplandeça em mim e faça brilhar a imagem original e autêntica em mim.

Peço-te atenção e paciência

Senhor Jesus Cristo, Tu também entras em minha casa, como entraste junto a Maria e Marta.
Tu queres falar comigo no silêncio dos exercícios. Mas, tantas vezes eu me escondo atrás das minhas muitas atividades. Muitas vezes, é suficiente para mim ter compreendido algo de ti. Mas eu não aguento, por muito tempo, simplesmente ficar diante ti, olhar-te e ouvir a tua palavra.
Peço-te atenção e paciência, para que eu, como Maria, simplesmente possa permanecer diante de ti, olhar-te, sem aproveitar-me de ti, sem logo querer conselhos.
Fala comigo no silêncio e mostra-me que somente uma coisa é necessária: deixar-te entrar em minha vida, ficar sentado a teus pés e deixar que Tu me presenteies. Pois, somente Tu, podes satisfazer o meu anseio mais profundo.

Tu me deste uma nova vida

Senhor Jesus Cristo, Tu me libertaste do poder marcante do meu passado. Tu me presenteaste com uma vida nova. Uma vida que condiz comigo e a minha verdade, e que faz jus à imagem que Deus fez de mim.

Eu agradeço que me libertaste da insensatez de antigos padrões e obrigações. Presenteia-me com o teu Espírito, para que eu viva, conscientemente, aquilo que imaginaste para mim, para que eu, realmente, viva a minha própria vida, para a qual me chamaste.

Permite que eu sinta em mim a tua presença santificante

Senhor Jesus Cristo, Tu nos enviaste o teu Espírito, para morar em nós e para viver em nós.
Eu te agradeço por vir morar em mim e que Tu não te afastas do caos do meu coração, do desequilíbrio de meus sentimentos.
Eu te peço, permite que eu sinta em mim a tua presença santificante e amorosa, para que eu fique livre da proximidade oprimente de pessoas que esperam algo de mim, que gostariam de empurrar-me de um lado para o outro.
Se Tu moras em mim, então, eu também posso morar comigo, então, eu encontro o meu centro, então, eu descubro quem sou eu mesmo.
Permite que eu faça, com São Paulo, a experiência libertadora, de que não sou mais eu que vivo, mas que Tu vives em mim. Torne esta experiência proveitosa para o mundo.

Faze com que eu me torne permeável ao teu amor

Senhor Jesus Cristo, Tu deixaste a tua vida na cruz por mim, porque me amas. Tu me amaste até o final, até a morte. Na morte, Tu abriste o teu coração para mim, para que nele eu possa me abrigar com a minha inquietação, com a minha desinteligência, com os meus sentimentos de culpa.

Eu te agradeço pelo teu amor crucificado, que me deixa livre, que me deixa viver. E eu te peço que eu acolha o teu amor em mim de tal forma que, através de mim, ele flua também para as pessoas que encontro todo dia. Faze com que eu me torne permeável ao teu amor e que, no teu amor, eu vivencie a finalidade da minha existência.

Agradeço por me preencheres completamente com teu amor

Senhor Jesus Cristo, eu te agradeço pelo legado do teu amor, com que Tu nos agraciaste na Eucaristia.
Eu te agradeço que me tocas em cada Eucaristia com as tuas mãos curadoras e amorosas, que Tu me preenches completamente com o teu amor e que eu posso tornar-me uno contigo, aquele que se entregou por mim.
Presenteia-me com um coração amplo, para que eu te acolha em mim de modo que te seja possível curar todas as minhas feridas e mágoas e que a tua palavra de amor encarne em mim e me faça permeável ao teu amor.

Fazei-me instrumento da vossa paz

Atribuída a São Francisco de Assis

Senhor, fazei-me instrumento de vossa paz.
Onde houver ódio, que eu leve o amor.
Onde houver ofensa, que eu leve o perdão.
Onde houver discórdia, que eu leve a união.
Onde houver dúvida, que eu leve a fé.
Onde houver erro, que eu leve a verdade.
Onde houver desespero, que eu leve a esperança.
Onde houver tristeza, que eu leve a alegria.
Onde houver trevas, que eu leve a luz.

Ó mestre, fazei que eu procure mais
consolar, que ser consolado;
compreender, que ser compreendido;
amar, que ser amado.
Pois é dando, que se recebe;
é perdoando, que se é perdoado
e é morrendo que se vive para a vida eterna.

ORAÇÕES
EM
DIVERSOS
LOCAIS

Estar diante de Deus

Misericordioso e bom Deus, Tu estás presente.
Aqui estou, sentado diante de ti. Eu gostaria de sentir-te.
Eu sei que estás aqui. Mas não te sinto. Permite que eu te vivencie.
Eu te trago tudo aquilo que está em mim, meu anseio, minhas preocupações e medos e minha discórdia interior.
Eu confio que olhes para mim e que a tua presença curadora e amorosa me envolva, mesmo que eu não a perceba.
Porém, quanto mais eu abra a mim e a minha verdade para ti, tanto mais Tu te aproximas de mim, tanto mais eu sinto: Sim, Tu realmente estás aqui.
Tu és o amor que me circunda.
Em tua presença, eu mesmo, posso tornar-me presente.
Em tua presença, aproximo-me de mim mesmo.
E, assim, junto a ti, fico tranquilo e encontro paz em meio às turbulências da minha alma.
Agradecido sejas por teu amor curador, que me envolve.

Na natureza

Deus todo-poderoso e eterno, criador do universo.
Eu estou em tua criação, eu aprecio o verde dos
 campos e o silêncio das florestas.
A natureza está impregnada com o teu Espírito.
Na vitalidade da natureza, eu presencio a tua vida
 divina, que tudo impregna ao meu redor.
Na natureza, eu vivencio que a tua vida divina flui
 também para mim e me torna vivo.
Na beleza da paisagem, eu vejo a tua beleza;
 na delicadeza das flores, a tua delicadeza; na
 tranquilidade dos suaves montes, a tua tranquilidade
 e suavidade.
Agradeço-te pela dádiva da natureza. Nela, posso
 refrescar-me. Nela entro em contato com a minha
 própria vivacidade. E eu sinto como o teu amor flui,
 através das flores e árvores, para mim e me preenche.
Por isto te agradeço, por Jesus Cristo, através do qual
 Tu criaste tudo que existe.

Em viagem

Misericordioso e bom Deus. Em viagem, eu atravesso a paisagem.
Eu tenho um destino, ao qual quero me dirigir.
Mas, agora, eu aprecio a paisagem através da qual a estrada me leva.
Protege-me na viagem, para que eu esteja atento ao trânsito e alcance o meu destino em segurança.
Mas permite, também, que eu aproveite a viagem, que ela não se torne cansativa, e sim, uma experiência da tua beleza e amplidão.
Eu olho para a amplidão das terras, para os montes, para as florestas, para as cores sempre novas, para o sol, que mergulha a paisagem em suave luminosidade.
Agradeço-te por presentear-nos com este belo mundo.
Na verdade, não pretendo chegar o mais rápido possível, antes, eu quero observar o teu mundo, que estou atravessando, para que, em tudo, eu sinta a tua presença curadora e amorosa.

Na caminhada

Bom Deus eu comecei a caminhar. Eu caminho a passos largos. Eu sinto prazer em caminhar.
Andando, eu olho para aquilo que, no caminho, se mostra para mim.
A paisagem, cada vez, mostra-me o seu novo rosto. Eu escuto aquilo que me circunda: o cantar dos pássaros, o sussurrar do vento, o murmurar do riacho. Os sons não são ruídos – eles me acalmam.
Eu sinto o aroma das árvores e o aroma da paisagem.
Eu não sei de que é, como ele se compõe.
Mas cada paisagem tem a sua própria fragrância.
Também, cada tempo tem um cheiro próprio.
Com sol, a paisagem tem um aroma diferente do que quando chove ou, após um aguaceiro.
Agradeço-te por poder caminhar pelo teu mundo, que Tu me envolves com a tua beleza e vivacidade em todo lugar.
Assim, eu caminho e alegro-me com a tua presença.

Em peregrinação

Misericordioso e bom Deus, abençoa a minha peregrinação.
Eu estou a caminho do santuário, o local em que muitas pessoas já oraram e experimentaram fortalecimento, consolo e cura na oração. E trago todas as minhas preocupações e pedidos. Eu tomei a mim esta peregrinação, para orar por mim e pelas pessoas que me são caras.
Este caminho já é uma imagem para a minha vida.
Eu parti de casa para me por a caminho. Por toda a minha vida estou em viagem, estou sempre a caminho.
Caminhando eu me transformo. Eu não posso ficar parado no que foi alcançado. Eu gostaria de transformar-me cada vez mais, para que o teu espírito me impregne mais e mais. E eu estou a caminho por um objetivo em direção a ti. Tu és o objetivo de minha peregrinação.
Esta romaria é uma imagem da peregrinação terrena em si, que tem o seu objetivo na morada eterna que Tu preparaste para mim.
Peço que estejas comigo no caminho. Faze com que, no local da peregrinação a que me dirijo, eu possa te vivenciar de uma nova forma.

Concede que eu sinta a tua proximidade.
Dá-me a confiança de que eu posso dirigir-me a ti com tudo que me aflige, e que Tu ouves e acolhes os meus pedidos, envolvendo-me com o teu amor.

Junto a um altarzinho ou crucifixo à beira do caminho

Bondoso Deus, pessoas fiéis erigiram este altarzinho,
este crucifixo. Com isto, cumpriram uma promessa.
Eles tiveram a experiência de que Tu lhes ajudaste.
Em agradecimento, criaram este altarzinho. Elas o
colocaram em meio à paisagem, para que todos
que passarem diante dele, possam sentir que Tu
preenches o mundo, que Tu estás em todo lugar,
também, em meio a natureza.
O altarzinho quer me convidar a parar e apresentar-te os
meus pedidos. Ele quer me lembrar, também, que Tu
me encontras em todos os meus caminhos.
O crucifixo me mostra que, em meu caminho, muitas
coisas cruzam o meu caminho. Mas tudo aquilo que
me acontece exteriormente e que me frustra, quer
abrir-me cada vez mais para ti.
O crucifixo, para mim, é um sinal de que o teu Filho
abraça tudo em mim com o seu amor, para que
eu mesmo me abrace, carinhosamente, em minha
contradição: em minha força e em minha fraqueza,
em minha saúde e em minha doença, em meu medo
e em minha confiança.
Concede-me deixar este crucifixo e esta imagem,
confortado e fortalecido, para seguir o meu caminho.

Numa ponte

Misericordioso Deus, eu estou fascinado diante desta ponte, que une uma margem à outra. Para mim, ela é uma imagem do teu Filho Jesus Cristo, que desceu do céu, para caminhar conosco. Ao tornar-se humano, Ele venceu o abismo entre Deus e nós homens, Ele superou a distância entre o céu e a terra.

Os padres veem a cruz de Jesus como a imagem da ponte que Ele estendeu entre o céu e a terra, para podermos atravessá-la, confiantes e seguros.

A ponte convida-me a ser, eu mesmo, ponte para os homens.

Muitas vezes, é-me permitido sentir como posso reduzir a distância entre pessoas inimigas, como eu construo pontes entre homens de diferentes nações, culturas e raças.

Os padres denominaram o papa de *pontifex*, construtor de pontes. Permite que eu possa ser um *pontifex*, um construtor de pontes entre os homens e, dos homens, em direção a ti.

Numa porta

Senhor Jesus Cristo, eu estou diante da porta.
Antes de entrar, eu gostaria de desvendar o segredo da porta.
Tu mesmo disseste: "Eu sou a porta". Se passarmos por ti, chegaremos à pastagem fértil. Tu és a porta pela qual encontramos acesso ao nosso próprio coração e ao coração dos homens.
Tu nos deste São Cristóvão, como o "Santo dos limiares".
Nos tempos antigos, cuidava-se de passar, com atenção, por uma soleira, porque não se sabia o que aguardava do outro lado. Assim, foi pintado um quadro grande de São Cristóvão na parede de entrada da igreja, para que ele nos protegesse ao atravessar a porta.
Abençoa, agora, a minha passagem por esta porta, para que eu entre no ambiente como abençoado.
Abençoa o ambiente, que esta porta me abre, para que eu entre num ambiente abençoado.
Abre-me, também, a porta para as pessoas que me aguardam.
Permite que eu perceba que, Tu mesmo és a porta, através da qual eu entro junto às pessoas, para presenteá-las com o teu amor.

Num labirinto

Bom Deus, este labirinto me faz lembrar os muitos
caminhos da minha vida.
Muitas vezes, este caminhos são emaranhados.
E eu não sei para onde me leva o caminho que estou
seguindo no momento.
Mas, mesmo com tantas curvas que eu ando aqui,
tenho a confiança de que levam ao centro e, do
centro, para longe novamente.
Dá-me a esperança de que todos os caminhos que
sigo aqui na minha vida, me levem sempre mais
para o meu centro, para o meu verdadeiro eu, para
o espaço interior do silêncio, em que, Tu mesmo,
habitas em mim.
Dá-me a confiança de que todos os caminhos levem à
saída, que me conduz para longe e para a liberdade e,
finalmente, para a tua vida divina.
Faze com que este labirinto, para todos os que nele
caminham, se torne uma experiência profunda
para sua própria vida, que é abraçada por ti, e cujos
caminhos, por todos os descaminhos e desvios,
levam a ti, que és a nossa salvação e a nossa
verdadeira vida.

Numa igreja

Misericordioso e bom Deus, agora eu estou sentado,
aqui nesta igreja, em que tantas pessoas já oraram
antes de mim. Esta igreja está plena de suas orações.
Eu sinto-me enlevado.
Eu estou sentado nesta igreja, que é um lugar da tua
santa presença. A tua presença amorosa está expressa
no tabernáculo, em que o teu Filho Jesus Cristo
mora entre nós, tangível e visível, na figura do pão.
A tua presença torna-se visível nas imagens e estátuas
da igreja. Neles, eu vejo aquilo que Tu crias numa
pessoa, quando esta se abre ao teu amor.
E é possível sentir a tua presença, neste espaço alto,
que é uma representação do céu que se abre
sobre nós.
Faze com que eu fique tranquilo em tua presença.
Permite que eu chegue a mim mesmo e que eu possa
confiar que o teu amor que me envolve agora,
impregne tudo aquilo que está agitado e magoado
em mim.

No hospital

Senhor Jesus Cristo, Tu vieste para curar as nossas
 feridas.
Tu te dedicaste às pessoas doentes, as ergueste e
 curaste a sua doença.
Eu te peço que estejas, aqui, neste hospital com todos
 estes doentes. Sê Tu o seu verdadeiro médico, que
 os toca, através dos médicos e enfermeiras e que os
 preenche com o teu amor.
Dá aos doentes a confiança de que recobrarão a saúde
 novamente. Ensina-lhes que a doença gostaria de
 abri-los para o seu próprio eu e para o Deus que está
 do outro lado de nossas imagens.
Presenteia-os com a esperança de que, através da
 doença, aprendam uma nova maneira de vida e,
 do um com o outro, uma maneira de viver mais
 cuidadosa, atenta e agradecida.
Faze com que este hospital se torne um local em que
 os doentes respirem aliviados e onde encontrem a ti e a
 si mesmos de uma nova forma.

No asilo de idosos

Misericordioso e bom Deus, abençoa este asilo de
idosos, em que tantas pessoas idosas passam o final
de suas vidas.
Concede que, aqui, eles recebam cuidados com carinho,
sentindo, assim, que o teu amor os circunda.
Faze com que esta casa seja um local em que eles
possam reconciliar-se com o seu passado e serem
gratos pela vida que lhes deste.
Presenteia-os com a confiança de que, também agora,
a sua vida tem um valor intocável.
Preenche-os com o teu amor, para que eles, como idosos,
transmitam este amor também àqueles que os
visitam.
Permite que, a experiência que fizeram em sua vida,
torne-se fonte de alegria e benevolência para os seus
parentes e amigos.
Deixa que vivam esses últimos anos, que Tu lhes
dás, de uma maneira consciente e que gravem,
neste mundo, a sua pegada única de bondade e
agradecimento, para que este mundo se torne mais
humano e piedoso.

No abrigo para doentes terminais

Bom Deus, neste abrigo, as pessoas preparam-se para a sua morte. Mantém a tua mão protetora sobre eles, para que sejam bem-sucedidos em sua passagem para a eternidade. Dá-lhes a confiança de que não estão sós ao morrer. Pessoas queridas os acompanham.

Preenche também os ajudantes do abrigo com o teu Espírito, para que acompanhem os agonizantes carinhosamente, e os amparem, com confiança, em suas lutas internas e externas.

Presenteia também os enfermeiros e enfermeiras, para que compreendam, cada vez mais, o mistério da vida e que cresça a sua confiança na ressurreição.

Envia para cada agonizante o teu anjo, para que ele o leve bem, do limiar da morte até os teus braços amorosos.

Dá, a todos que aqui trabalham, a percepção do mistério de cada moribundo, de sua unicidade, de sua singularidade.

Torna esta casa um lugar de bênção para todos os que estão deitados aqui e agonizam, assim como para aqueles que os acompanham.

No cemitério

Misericordioso Deus, aqui, neste cemitério, estão
muitos mortos que eu conheci, mas também,
inúmeros dos quais nunca ouvi falar.
Aqui jaz o seu invólucro corporal, que já se decompôs.
Porém, a sua pessoa única – e nisso confio e
espero – está junto à ti, em paz. Em sua morte, ela
foi transformada na figura original e verdadeira que
Tu fizeste de cada um.
Permite que, para os parentes que aqui visitam as
sepulturas, este cemitério se torne um local de
esperança e consolo.
Conforta os que ainda estão de luto, porque a
despedida é-lhes dolorosa, e faze lembrar àqueles
que cuidam das sepulturas de seus já falecidos
parentes, tudo aquilo que os falecidos expressaram
com a sua vida. Permite que eles vivam das raízes que
deles receberam e que compreendam a mensagem
que os mortos a eles dirigem.
Permite que as pessoas se lembrem, aqui, de que
também a sua vida terá um fim. Presenteia-os com
o teu Espírito, para que eles vivam de modo que,
também a sua vida, seja uma bênção para os outros.

ORAÇÕES
NO
CICLO
DO ANO

Advento

Bom Deus, no tempo do advento, esperamos pela chegada do teu Filho. A todo momento esperamos a sua chegada, quando Ele bater à porta de nosso coração, para abri-lo ao seu amor. E, nós esperamos a sua vinda no fim do mundo, em que Ele preencherá tudo com alegria.

Nós esperamos pelo Vindouro, mas sabemos que Ele já está junto a nós. Pedimos que Jesus venha a nós, para que, finalmente, também cheguemos a nós mesmos. Pois, muitas vezes, nós não estamos em nós, os nossos pensamentos estão em outro lugar.

Permite que este tempo de advento seja um tempo abençoado para nós – um tempo em que nós nos encontremos em nós e neste momento. Faze com que, através da espera pelo teu Filho, o nosso coração se torne largo e aberto, para que Ele possa, realmente, entrar em nosso coração.

Conecta-nos com o anseio pela felicidade que veio a nós, através do teu Filho e que gostaria de vir a nós a todo momento.

Transforma, neste tempo do advento, os nossos vícios – que sempre nos aprisionam de novo – em anseio.

Dá-nos a certeza de que, no anseio pela vinda do teu Filho, o teu Filho já esteja em nosso coração, preenchendo-o com amor.

São Nicolau

Misericordioso Deus, Tu nos presenteaste com São
 Nicolau, como figura paternal. A sua emanação se
 estende através dos séculos e assim, ainda hoje, as
 crianças aguardam a chegada do Nicolau, que as
 presenteia com boas dádivas.
Lembra-nos, através de São Nicolau que, em cada um
 de nós reside um ser paternal: alguém que fortalece
 os outros, que deles cuida, para que possam viver a
 sua própria vida – alguém em quem eles podem se
 apoiar e, através do qual experimentam segurança
 e apoio.
Preenche-nos com o teu Espírito paternal para que,
 também nós, possamos emanar algo da bondade
 de São Nicolau e que, também através de nós, as
 pessoas se sintam presenteadas somente com a
 nossa presença.
Concede-nos festejar São Nicolau como a imagem
 de teu bondoso cuidado por nós, que nos possibilita
 cuidar paternal e maternalmente uns dos outros.

Santa Bárbara

Bondoso Deus, na festa de Santa Bárbara, colocamos galhos de cerejeira na água, para que floresçam no Natal. Assim, Santa Bárbara é, para nós, um sinal de esperança que, em meio ao frio de nossa vida, o teu amor aqueça e faça florescer tudo em nós.

Abençoa este dia, para que, na figura de Santa Bárbara, possamos intuir o mistério de nossa própria vida. Assim como Bárbara, também nós somos "estrangeiros", nós viemos de um outro mundo, do mundo divino para este, o terreno. Nós vestimos como Bárbara, uma veste verde. A força do verde de teu Espírito Santo nos impregna, para que tudo em nós floresça e que nos tornemos fonte de vida para outros.

Presenteia-nos, neste dia de Santa Bárbara, com a esperança de que, também através de nós, o mundo se torne mais luminoso, e que também nós, como Bárbara, possamos trazer esperança e confiança ao cárcere dos homens.

Antes do Natal

Bom Deus, o Natal está chegando.
Afasta o meu espírito de tudo que ainda deve ser
  resolvido.
Abre o meu coração para o mistério que festejaremos
  em poucos dias.
Permite que esta festa não passe simplesmente por
  mim como, infelizmente, já a vivi.
No Natal, Tu queres festejar um novo começo comigo,
  porque o teu Filho Jesus Cristo, nascerá de Maria.
Assim, eu te trago tudo o que está velho e gasto, para
  que me libertes daquilo.
Também quero te trazer a minha culpa: tudo aquilo
  que, neste ano, não foi tão bom. Retire de mim tudo
  aquilo que pesa em mim, para que o Natal se torne,
  realmente, um novo começo.
Faze com que eu vá, de uma nova forma, ao encontro
  das pessoas com quem festejo o Natal, mas também,
  daqueles com quem continuarei trabalhando depois
  do Natal.
Preenche as pessoas, que compartilham o meu
  cotidiano, com o espírito de um recomeço. Liberta,
  também eles, de tudo aquilo que os oprime, e

mostra-lhes, no nascimento de teu Filho, que eles não são determinados pelo passado e sim, que Tu recomeças conosco diariamente, que o teu amor renova tudo em nós.

Natal

Bom Deus, hoje festejamos o Natal, a festa de nossa
 redenção, a festa do nascimento do teu Filho.
Ele veio a nós como criança.
As imagens da manjedoura, as imagens de Maria, que
 segura carinhosamente seu filho recém-nascido ou,
 ajoelhada diante dele em veneração, me tocam.
Elas mostram o teu terno amor. Este amor não vem
 com força. Ele é como uma criança pequena, que eu
 tomo nos braços e embalo. A criança divina – assim
 nos diz esta festa – não está somente na manjedoura
 no estábulo em Belém. Também está em nosso
 coração.
Permite que eu possa, hoje, crer e também vivenciar
 que a criança divina está em mim, que o meu
 coração está pleno de amor, porque, Tu mesmo, nele
 nascerás.
Ao nasceres em mim, eu reconheço a minha própria
 dignidade. Tu tens coragem para nascer no estábulo
 do meu coração, para lembrar-me, em minha
 trivialidade e banalidade, que em mim mora um
 mistério que é maior do que eu mesmo.
Este mistério do teu amor, que é possível ver e sentir na
 criança na manjedoura, mora em mim e entre nós.

Ele faz com que nos sintamos em casa, em nós e com
os outros. Não estamos sós em nossa casa.
Tu mesmo escolheste a nossa casa como a tua morada.
Permite que vivamos, em nosso coração e em nossa
casa, de uma forma nova, como pessoas que foram
dignificadas para serem o lugar de tua presença.

Nosso Deus, o Salvador, chegou

Hino do Antifonário Beneditino

Na noite, um chamado ressoa:
chegou o Salvador, nosso Deus!
O Senhor que o mundo almeja,
da nossa miséria apiedou-se.

Ao povo em noite e escuridão
brilha uma luz, cintila uma estrela:
surgiu a glória do Senhor
no Filho que Maria vela.

Do Pai o brilho, luz da luz,
nossa escuridão ilumina;
Crede, Deus homem se tornou
e vem para nossa miséria.

Louvor e glória a Jesus,
da virgem Maria nascido,
louvor também ao Pai e ao Espírito.
para todo o sempre, eternamente.

Na passagem do ano

Misericordioso Deus, o ano velho está terminando.
Ele está diante de mim com tudo o que vivi.
Eu te agradeço por tudo que me deste este ano.
Tive experiências que me enriqueceram.
Eu pude encontrar pessoas que me presentearam com
   o seu amor.
Eu pude criar e formar algo que se tornou uma
   bênção para os outros. Por isto, eu te sou grato.
Eu também recordo tudo aquilo que não foi tão bom.
Mas eu desisto de fazer um balanço e contabilizar
   tudo o que foi, em crédito e débito. Eu te trago o
   ano que passou. A ti, eu o entrego. Eu renuncio a
   atribuir-lhe valores. Eu o entrego a ti, para que Tu
   transformes aquilo que foi e me entregues o fruto do
   ano que passou, para que ele me alimente também
   no Ano Novo.
Tu fazes lembrar-me de que o tempo passa, que o
   meu tempo de vida é limitado. Consente, neste
   fim de ano, que eu foque no meu próprio fim, para
   pedir que, não somente este ano, mas que também a
   minha vida possa terminar bem.

Ano Novo

Bom Deus, nós iniciamos um ano novo.
Ele ainda está puro, intocado. Portanto, temos algo novo diante de nós.
No novo, também sempre está a promessa de que tudo em nós será renovado, que ficará melhor.
As primeiras horas do Ano Novo já passaram.
Assim, o novo, a cada segundo, está sendo gasto um pouco. Concede-me atenção para que eu receba, com um coração novo, o novo que Tu me ofereces, para que algo de novo possa crescer em meu coração.
Renova o meu coração, preenche os meus relacionamentos, minhas amizades, minha parceria, minha maneira de tratar os colegas, com o teu Espírito novo.
Dá-nos uma nova chance, para que, juntos, trilhemos novos caminhos, que algo de novo possa crescer em nós.
Abençoa este ano, para que seja um ano de ventura, curando o que está ferido, unindo o que está partido e abrindo o que está enrijecido para uma nova vida.

Epifania (Dia de Reis)

Misericordioso e bom Deus, hoje a tua glória
manifestou-se em teu Filho a todos os povos. Os
magos do Oriente vieram para venerar a criança na
manjedoura e reconhecer que nele está representada
a sabedoria de leste a oeste, de norte ao sul.

Os magos que se puseram a caminho para seguir
o seu anseio pelo rei neonato, fazem lembrar-me
do meu próprio caminho. Também eu estou no
caminho por aquele que complete o meu anseio
mais profundo. Como os magos, eu anseio chegar do
leste para venerar.

Quando, ao venerar, posso esquecer-me, soltar
as minhas preocupações e problemas, então eu
realmente cheguei junto a ti, então a minha vida
será transformada através de ti. Então, eu te
reconheço como aquele que doura a minha vida,
que cura as minhas feridas e que preenche o meu
anseio mais profundo.

Presenteia-me hoje com a coragem de deixar tudo o
que é conhecido e tomar o caminho para procurar
aquilo pelo qual a minha alma anseia.

Dá-me a confiança de que, também eu, chegarei,
que a estrela do anseio conduzirá também a

mim e me mostre o lugar em que posso prostrar-me, porque o mistério, que suplanta todo anseio, tornou-se tangível.

Carnaval

Bondoso Deus, Carnaval não é festa do ano eclesiástico.
E, mesmo assim, só era festejado onde a Quaresma era praticada conscientemente. Antes de iniciar a Quaresma, nos é permitido entregar-nos à alegria.
Não podemos rir sob comando. Mas o carnaval nos convida a entrar em contato com o contentamento e a alegria, que já estão no fundo da nossa alma.
Concede-nos uma festa alegre, em que podemos rir efusivamente e, ao rir, esquecer tudo aquilo que nos oprime no dia a dia.
O teu Filho Jesus Cristo prometeu a nós, os que estamos tristes muitas vezes e choramos, que iremos rir.
Ao rir, superamos aquilo que nos quer abater.
Então, sentimo-nos superiores a tudo que quer ter poder sobre nós.
Permite que, hoje, possamos rir o riso dos libertados.
Permite que possamos sentir, que os problemas que conosco carregamos, hoje não terão poder sobre nós, mas que, ao rir, já participamos da redenção, da superação da escuridão, através do teu Filho Jesus Cristo.

Quarta-feira de Cinzas

Bondoso Deus, depois da generosa comemoração do carnaval, devo preparar-me para a Quarta-feira de Cinzas.

Hoje, serei marcado pela cruz de cinza. Isto faz-me lembrar de que eu sou pó e voltarei a ser pó.

A cinza é sinal de penitência, de que eu gostaria de fazer tudo melhor do que até aqui. A cinza mostra que o velho é queimado.

Aquilo que não serve à vida, será queimado. E, com a cinza, limpavam-se os recipientes.

Na administração da cruz de cinza, o sacerdote, muitas vezes, diz também: "Retorna e crê no Evangelho".

A cruz de cinza quer me convidar a deixar todos os meus caminhos antigos, para seguir os caminhos que me levem ao objetivo.

A palavra grega *metanoeite*, que aqui está para "retornar", na verdade, significa "repensar". A Quarta-feira de Cinzas convida-me a repensar, pensar de uma forma diferente, olhar por trás das coisas, encontrar o essencial por trás do superficial.

Repensar é condição para a fé. Na fé eu repenso, eu vejo o mundo com outros olhos.

Eu te peço, ensina-me, hoje, a pensar diferente, a olhar para a minha vida e para as pessoas com outros novos olhos e que eu te encontre em tudo e em cada pessoa.

Quaresma

Misericordioso e bom Deus, abençoa a Quaresma,
a fim de que ela se torne um bom tempo de
exercício para mim. Pois, a Quaresma é o tempo de
treinamento da liberdade interior.

Eu não me alegro com a chegada da Quaresma. Mas
eu sei que ela me fará bem.

Abençoa esta Quaresma, para que ela me liberte
de todos os hábitos doentios. Ensina-me, através
da renúncia, a ficar livre de meus vícios interiores
e a sentir que eu ainda posso decidir livremente
sobre mim, que não sou dependente de minhas
necessidades.

Permite que esta Quaresma seja, para mim, um tempo
de limpeza interior e renovação, para que antigos
hábitos se dissolvam e eu viva, novamente, de forma
consciente, que eu coma conscientemente, que esteja,
conscientemente, no momento, sem que eu sufoque
tudo aquilo que está em mim com comida e atividades.

Abençoa esta Quaresma, para que ela me renove e
refresque, para que limpe a minha alma. Assim,
na Páscoa florescerá nova vida em mim, por Jesus
Cristo, nosso Senhor.

Domingo de Ramos

Misericordioso Deus, no dia de hoje, o teu Filho Jesus entrou na Cidade Santa. As pessoas o aclamaram. Ele entrou como o Deus da Paz. E, mesmo assim, no dia de hoje, começa a sua Paixão. Nesta cidade, em que Ele entrou aclamado, alguns dias depois Ele teve que passar pelo caminho do sofrimento, que o levou até a cruz, em meio à multidão curiosa.

Hoje, nós lhe damos vivas com ramos de palmeira, "Hosana ao Filho de Davi" mas, logo em seguida, ouvimos a história da Paixão. Jesus entregou-se ao sofrimento. Ele passou, como um rei, pelo sofrimento que as pessoas lhe infligiram.

Concede-me, hoje também, a confiança de que, em todo sofrimento, que sempre me atinge de novo, não me seja tirada a minha dignidade real.

Deixa que eu siga, com o teu Filho, o caminho do sofrimento.

Então, não serei dominado pelo sofrimento, mas passarei firme por Ele, na confiança de que a ressurreição me aguarda.

Semana Santa

Misericordioso e bom Deus, a Semana Santa é, para mim, a semana mais importante do ano. Faze com que eu viva esta semana conscientemente.

Eu olho para a Paixão do teu Filho e nela vejo o seu amor por mim. Com todos os poetas que cantaram o seu calvário nos cantos da Paixão, eu reconheço, no sofrimento de Jesus, o seu amor incondicional por mim. Ele empenhou a sua vida por mim. Ele deu a sua vida por mim, porque eu sou importante para Ele.

Que o olhar para o sofrimento do teu Filho, dê, também para mim, a coragem de olhar para o meu caminho e de não suprimir as feridas que a vida me faz.

Não quero ater-me às feridas mas, com olhar em Jesus, quero reconhecer que Tu podes curar tudo que me magoa, que Tu transformas tudo que, inicialmente, possa parecer um fardo para mim.

Abençoa esta Semana Santa, para que ela intensifique a minha fé, que me permita vivenciar o teu amor e o amor do teu Filho de uma forma nova.

Sexta-feira Santa

Senhor Jesus Cristo, hoje comemoramos a tua morte na cruz.
Podemos festejar a tua morte? Não deveríamos, antes, lamentá-la? Tu mesmo nos convidas a festejar e adorar, junto com a Igreja, a tua cruz. Pois, a tua cruz é sinal da esperança de que nada há em nós que nos possa deter da vida.
A tua cruz nos mostra que, com o teu amor, Tu envolves tudo aquilo que há de oposto em nós, que o teu amor aflui para o que é forte e fraco em nós, para o sadio e o enfermo, para o incólume e o ferido.
A tua cruz é sinal de que somos aceitos por ti incondicionalmente.
Assim, festejamos a tua cruz como sinal de vitória.
Cantaremos hoje: "Adoramos a tua cruz, Senhor, a tua santa Ressurreição louvamos e glorificamos: Pois, a madeira da cruz trouxe alegria para o mundo todo".
A tua cruz é o motivo da alegria. Nada mais devemos temer.
Pois, na cruz, Tu abraçaste o mundo inteiro.
E, assim, olhamos para a cruz, na confiança de que Tu nos abraças carinhosamente com todos os nossos

contrastes interiores e de que nada está excluído do teu amor vitorioso.

Permite que, hoje cheios de confiança, festejemos a tua cruz, como a causa de toda a felicidade e motivo de uma alegria que ninguém pode nos retirar.

Páscoa

Senhor Jesus Cristo Ressuscitado, na tua Ressurreição,
Tu venceste a morte.
Tu desceste ao reino da morte e tomaste em tuas mãos
tudo que está morto em mim, para trazê-lo para a
luz e a vida.
Tu retiraste a pedra que me bloqueia e me impede de
viver. Tu rompeste as amarras que me limitam.
Tu ressuscitaste da morte e me presenteias com a
certeza de que, também eu, posso levantar contigo
da sepultura do meu medo, da sepultura da minha
escuridão e resignação. Após a tua ressurreição,
Tu apareceste primeiro para Maria Madalena e
a chamaste pelo nome. No encontro contigo, ela
vivenciou que o amor é mais poderoso do que a
morte, que o teu amor retira o poder da morte.
Permite que hoje eu possa crer que, na morte, a tua
palavra de amor me receberá. E dá-me a confiança
de que, em todo lugar em que um conflito nos
separa, uma palavra de amor pode gerar vida nova.
Permite que hoje eu possa participar da tua
ressurreição e ir de encontro às pessoas, firme e
pleno de esperança, porque, também neles, o teu
amor é mais poderoso do que a morte.

O Senhor ressuscitou

Hino do Antifonário Beneditino

A luz da aurora resplandece,
os céus ressoam de louvor,
em júbilo, a terra exulta
e agoniza o baixo mundo.

O poderoso e régio herói
da morte o domínio quebrou,
esmagou o poder do inferno:
livres somos da escravidão.

Ele, a quem a pedra trancou,
e, na tumba vigiado foi,
vitorioso da tumba sobe,
em resplandecente triunfo.

Logo silenciam as queixas
e as dores acalmadas são
pois, o Senhor ressuscitou;
um anjo de luz anunciou.

Louvor e glória ao Senhor,
que da tumba ressuscitou,
como ao Pai e ao Espírito Santo
por todo o sempre, eternamente.

Domingo in albis

Jesus Cristo, hoje no Domingo da Divina Misericórdia, muitas crianças irão pela primeira vez para a Santa Comunhão. Eu peço por eles, que te recebam de braços abertos, que sejam tocados profundamente pela recepção do teu corpo e do teu sangue e que eles sintam o teu amor, que os impregna totalmente.

Mas peço, também por mim e por todos os cristãos, que eles se lembrem hoje, de sua primeira comunhão. Faze com que, hoje, recebamos a comunhão novamente, como a recebemos em criança: com a abertura sincera para o inominável mistério que Tu realizas em nós – que podemos tornar-nos unos contigo e que o teu amor permeia nosso corpo e nossa alma.

Faze com que pronunciemos, confiantes, as palavras do capitão de Cafarnaum que, cheio de confiança, deu ordens aos seus soldados de, antes da comunhão, dizerem com nova emoção: "Senhor eu não sou digno de que entreis em minha morada. Mas dizei uma só palavra e minha alma será salva".

Sim, eu não sou digno de que Tu, o Filho de Deus, entres na morada do meu corpo. Mas, como o capitão, eu posso vivenciar que a tua vinda me salva, que, através de ti, tudo em mim fica curado e que sou completamente aceito por teu amor. Por isto, dou graças a ti, Senhor Jesus Cristo, meu irmão, meu Senhor.

Outono

Misericordioso e bom Deus, o outono se anuncia.
As folhas tingem-se e começam a cair. Quando
os raios de sol atravessam as árvores, então elas
rebrilham douradas.
Eu te vivencio, meu Deus, como o pintor grandioso,
que mescla maravilhosamente as cores suaves do
outono. É um quadro maravilhoso que se abre para
mim, quando vejo a floresta outonal banhada pelo
sol, ou quando por ela caminho.
Mas, em meio a todo este esplendor, observo como
uma folha após a outra cai ao chão. A beleza não
durará por muito.
O outono lembra-me do outono da minha vida, em
que tenho que soltar muitas coisas. Então, muitas
folhas terão que cair da minha árvore da vida. Elas
se transformarão em húmus para as plantas do ano
seguinte. Assim, muito daquilo que cai de mim não
trará mais frutos em minha vida. É o que formará o
húmus para as gerações vindouras.
Deus, eu peço pela suavidade do outono, quando
observo as pessoas ao meu redor. E eu peço por
serenidade, para que, também eu, esteja pronto para
soltar aquilo que não poderá mais crescer.

Eu quero abandonar-me no fundo do teu amor, para que, do teu amor, possa nascer algo novo para os homens.

Dia das Mães

Misericordioso e bondoso Deus, hoje festejamos o Dia das Mães.
Pensamos em nossas mães, às quais devemos a nossa vida.
A mãe presenteou-nos, no início da nossa vida, com a confiança original de que é bom viver. Ela nos deu as boas-vindas nesta vida, cercou-nos com o seu amor e deu-nos proteção.
Neste dia, gostaria de agradecer à minha mãe por tudo que vivi através dela, de alegria de vida, de confiança na vida, de sinceridade e de proteção.
Eu sinto como as raízes que tenho da minha mãe me sustentam e me alimentam em meu caminho. Eu participo de sua fé, de sua capacidade de aproximar-se de outras pessoas e comunicar-se com eles.
Eu te peço, por todas as mães, que possam ser gratas, hoje, pelos filhos que deram à luz.
Peço, também, pelas mães que se culpam, porque seus filhos tornaram-se diferentes do que elas desejaram. Liberta-as de toda autocensura e dá-lhes a confiança de que os seus filhos não estão sós, mas que, por todos os desvios e descaminhos, o teu anjo os acompanha e os conduz ao caminho que os leva à vida.

Abençoa todas as mães, para que o seu amor continue irradiando bênção sobre seus filhos.

Ascensão do Senhor

Senhor Jesus Cristo, hoje Tu subiste aos céus. Tu deixaste os teus discípulos – não para deixá-los sós, mas para que eles te sintam em seu próprio coração.

Pois, o céu para onde Tu subiste, está em nós. Nós não devemos – como dizem os anjos – olhar para o céu, mas, dirigir o nosso olhar para o nosso coração.

É lá que Tu moras em nós.

Tu não caminhas mais à nossa frente, para que te sigamos.

E sim, Tu estás em nós, para seguir nossos caminhos conosco.

Mas, apesar disso, também queremos olhar para cima.

Assim nos exortou o Apóstolo Paulo: "Pensai nas coisas do alto e não nas coisas da terra!" (Cl 3,2).

A tua ascensão quer nos mostrar que nós, aqui na terra, estamos circundados, ao mesmo tempo, pelo teu céu e por tua presença. Não devemos nos fixar no terreno, mas na amplidão do teu céu, para nos tornarmos receptivos e bem abertos para Deus e para as pessoas ao nosso redor.

Devemos encontrar-nos, mutuamente, de modo a abrirmos o céu uns para os outros e que, no "juntos", o céu se abra sobre nós.

Assim, peço-te que a festa de tua ascensão permita
que encontremos o céu em nós e que nos abra o céu,
muitas vezes encoberto sobre nós, para que a tua luz
resplandeça sobre nós.

Pentecostes

Senhor Jesus Cristo ressuscitado, depois da tua ressurreição, Tu nos enviaste o Espírito Santo, para que Ele renove a nossa vida.

O teu Espírito Santo desceu em línguas de fogo sobre os teus discípulos. Assim, eles podiam dizer que uma faísca os atingiu, para que todos os homens também os compreendessem.

Presenteia-nos com o teu Espírito Santo, para que, também nós, falemos uma língua que aqueça os corações.

O teu Espírito Santo é o teu amor, que Tu verteste em nossos corações. Permite que nós vivenciemos sempre a fonte deste amor em nós e dá-nos a certeza de que esta fonte nunca secará, porque é divina.

Faze com que, também no trabalho, não nos abasteçamos somente da própria força, mas da fonte do teu Espírito Santo, para que o nosso trabalho seja uma bênção para as pessoas.

O teu Espírito Santo, a partir dos discípulos amedrontados, construiu a comunidade da Igreja que, hoje, anuncia a tua mensagem no mundo inteiro. Afasta, através do teu Espírito, todo o medo e apreensão dos nossos corações, e faze-nos agir a favor de ti no mundo, como testemunhas fidedignas, para que muitos corações sejam tocados, hoje, pela tua mensagem.

Fortalece-nos através do Espírito Santo, para que vençamos nossa vida pela força do teu Espírito e que moldemos este mundo segundo o teu desígnio.

Tempo de férias

Bom Deus, Tu me presenteaste com o tempo das minhas férias, meu tempo livre.
Mostra-me o que as férias realmente querem de mim: que eu me permita coisas que me proíbo no cotidiano, que eu me dê a permissão de viver simplesmente, sem pensar em ganhos.
Presenteia-me com a paz interior para envolver-me simplesmente com o que está presente, para que eu possa vivenciá-lo com todos os sentidos.
As férias convidam-me a celebrar a vida que Tu me deste.
E, ao celebrar a minha vida, torno-me livre de todos os compromissos que, muitas vezes, me oprimem.
Permite que estes dias de férias sejam dias de descanso para mim, que eu busque nova força, que eu perdi nos últimos tempos, para que eu volte restabelecido ao meu dia a dia.
Abençoa este tempo de férias, que eu vivencie aquilo que novamente me leva à vida, que os encontros sejam edificantes para mim e que eu possa alegrar-me com a tua criação.

Primavera

Bom Deus, a primavera sempre é um tempo especial.
Após o longo inverno, eu anseio pela primavera, por
campos verdejantes e pelas flores desabrochando.
Na primavera está a promessa de que, também em
mim, floresce nova vida.
Os dias tornam-se mais longos, fica mais claro.
Eu anseio para que a luz disperse, também em mim,
a escuridão.
A primavera mostra que a natureza enrijecida se abre
novamente. A vida é mais poderosa do que a morte.
Isto, para mim, é uma promessa de que, também em
mim, florescerá novamente tudo que está inerte.
Abençoa este tempo de primavera, para que se torne
um tempo de vida nova para mim, dando-me a
certeza de que, também em mim, a vida é mais
poderosa do que a morte.

São Francisco

Senhor Jesus Cristo, Tu presenteaste o teu servo
Francisco com uma bondade que ainda hoje nos
atrai.

Tu o preencheste com o teu Espírito de tal forma, que
Ele ficou tão parecido contigo, como ninguém entre
os homens.

Quando olho a sua imagem, olho para ti: para o teu
amor que não avalia ou julga, que também se dedica
ao que há de menor, como os pássaros do céu.

Hoje, preenche também a mim com o espírito que
preencheu São Francisco.

Liberta-me de toda ambição, com que quero atrair
tudo para mim. Presenteia-me com aquilo que o
diferenciou: a sua alegria e liberdade interior e a sua
serenidade.

São Francisco, acompanha-me. Ensina-me como posso
libertar-me de tudo aquilo que me impede de amar
Cristo.

E presenteia-me com o teu entusiasmo pela criação
e a pobreza; que eu a nada esteja preso, a não ser a
Cristo, que conduz a mim e a todos nós para a vida
eterna.

Todos os Santos

Misericordioso Deus, hoje celebramos o Dia de Todos os Santos.
Lembramos de todas as pessoas que viveram antes de nós e que, através da morte, entraram para a tua glória.
Lembramos dos santos que põem a Igreja em evidência para nós: dos homens e mulheres que deixaram que o teu espírito os transformasse, dos apóstolos, dos mártires, dos grandes santos como Agostinho e Ambrósio, de mulheres santas como Catarina de Sena e Teresa de Ávila, de santos do nosso tempo, como Edith Stein e Maximiliano Kolbe.
Quando festejarmos hoje a Eucaristia, a festejamos com eles. Nós rezamos o Pai-nosso com eles, que, nesta oração, expressaram a sua fé e o seu anseio, que venceram as suas dúvidas rezando. Eles todos, agora, oram estas palavras como expectadores e nós, como fiéis. Porém, ao orar estas palavras senhoriais, estamos todos congregados.
Nós participamos de sua perfeição.
Nós participamos de seu espírito.

Assim, bom Deus, através desta celebração, Tu queres fortificar-nos em nossa fé, para crermos os santos em teu amor e para que nos deixemos transformar pelo teu Espírito. Os santos não foram pessoas perfeitas, sem falhas – tampouco somos nós.
Mas eles deixaram que Tu os impregnasses com o teu espírito.
Deixa fluir o teu Espírito de amor em todas as nossas forças e fraquezas para que, também em nós, tudo seja curado e reparado, santificado e santo.

São Martinho

Misericordioso Deus, Tu nos presenteaste com São Martinho, que já te serviu como soldado, que tinha preocupação com a miséria dos pobres, que dividiu o seu casaco com o pedinte.

Mas, também pensamos no Bispo Martinho que edificou a sua Igreja com amor e piedade e, ao mesmo tempo, com clareza.

As crianças acompanharão, hoje, com lanternas a procissão de Martinho. São Martinho, ainda hoje, fascina as crianças porque, decidido, ele dividiu o seu casaco com a espada ao ver o pedinte com frio.

Muitas vezes temos a impressão de que não somos importantes para o nosso mundo. Não deixamos marcas tão definidas como São Martinho. E, mesmo assim, através de São Martinho, Tu nos queres mostrar que, também nós, podemos deixar a nossa marca neste mundo e que, também aquilo que nós deixamos, continua agindo.

Presenteia-nos hoje com o teu espírito de amor e misericórdia, para que a marca que gravamos neste mundo, seja uma marca amorosa e misericordiosa para outros, que abra, também, o coração deles para a tua misericórdia.

ORAR COM SÃO BENTO DE NÚRSIA

Quero cantar-te louvor com os anjos

Deus todo-poderoso e eterno, São Bento exorta-nos a cantar-te louvor diante dos anjos.
Às vezes nosso louvor é tão pobre. Eu não sinto a tua presença quando canto os Salmos. Tu estás tão longe. Quando me lembro de que os anjos, que, dia e noite veem o teu rosto, estão ao meu lado, então a minha oração recebe uma força nova.
Então eu sinto que uma parte de mim – o fundo da minha alma – te olha, que Tu mesmo estás em torno de mim com a tua glória e beleza.
Então o céu se abre sobre mim. E eu percebo a oração, não como um encargo, mas como alegria.
Eterno Deus, mostra-te a mim quando canto os Salmos com meus irmãos e irmãs. Circunda-nos, os que oramos, com a tua presença curadora.
Abre o nosso olhar para a tua beleza que é visível na criação. Então, com a nossa oração, abriremos o céu também sobre aquelas pessoas, no lugar das quais te cantamos louvor com os anjos.

Cantai os Salmos sabiamente

Deus todo-poderoso e eterno, São Bento exortou-nos: "Cantai os Salmos sabiamente". Nós devemos sentir, também com a língua, o sabor das palavras que cantamos. Pois, nos Salmos cantamos as tuas palavras – palavras com que nos presenteaste na Sagrada Escritura. A ti, nós trazemos as nossas preocupações e medos.

Mas, nestas palavras, Tu já nos dás a resposta às nossas atribulações. Através dos Salmos, Tu mesmo nos presenteaste com uma escola de oração.

Nas palavras dadas, podemos expressar nossas próprias experiências e anseios. E, já ao cantar, vivenciamos como Tu sempre nos respondes de novo, que Tu és a meta de nosso anseio, a rocha em que podemos edificar a nossa vida, o refúgio ao qual podemos vir para receber ajuda e proteção.

Deixa que eu sinta o sabor bom das palavras que nos deste, e faze com que as palavras se alojem, cada vez mais fundo, em meu coração, para que elas me preencham, mais e mais, com o teu espírito divino e curador.

A pureza do coração

Misericordioso e bom Deus, São Bento sempre nos lembra de que não devemos falar muito em nossas orações, mas que devemos orar na pureza do coração.

Ao orar para ti, percebo quantas intenções secundárias se misturam à minha oração. Aí está o desejo de parecer devoto e espiritual. Aí está o desejo de que a oração me dê algo.

Bom Deus, liberta-me de todas as intenções insinceras e presenteia-me com um coração puro, que te deixa ser como és, que se ergue para ti, porque Tu és Deus e não porque obtenho algo com a oração.

Purifique o meu coração, para que ele possa olhar-te e para que, em ti, ele possa olhar as pessoas de uma nova forma.

Clareia o meu coração, para que Tu domines, cada vez mais, a minha maneira de pensar e de sentir e que eu também possa olhar as pessoas com olhos puros. Com olhos que não dominam ou julgam, mas que deixam as pessoas serem elas mesmas, com olhos que acreditam no que há de bom e puro nas pessoas.

Tu és abençoado com o espírito dos pais

Hino do Antifonário Beneditino

Abençoado és com o espírito dos pais.
Bênção promete o teu nome amado.
Bênção nos garante tua sábia ordem,
Abade Bento.

Dentre o rugir de tempos turbulentos
tua vida abriu o caminho da paz,
tua regra arca salvadora tornou-se.

Louvor ao Pai, em trono superior,
Louvor ao Filho, Deus de Deus nascido,
Louvor ao Espírito, uno com ambos,
sempre e eternamente.

ORAR
AO
DEUS TRINO

Deus, meu Pai e minha Mãe

Deus, Tu és o meu Pai, tu és a minha Mãe.
Tu és o pai que me apoia, que me dá coragem para tentar a minha própria vida. Eu sei que sempre posso retornar a ti quando preciso de ajuda.
Posso apoiar-me em ti quando me sinto fraco.
Deus, Tu és minha mãe. Tu me dás segurança e um lar. Tu me dás a sensação de que eu sou bem-vindo neste mundo. Tu olhas para mim carinhoso e amável.
Quando eu me sinto só, eu sei que a tua amorosa presença me envolve, que eu estou protegido em teu amor que me circunda.
Assim, peço que Tu venhas a ser meu Pai, quando eu me sentir só, quando não sinto mais força em mim. E, eu te peço, que Tu te mostres a mim como Mãe, quando eu estiver magoado e ferido, porque, então, eu preciso o teu consolo materno. Permite que, então, eu possa experimentar que Tu me tomas em teus braços.
Presenteia-me com força paterna e suavidade materna, para que eu possa lidar, paternal maternalmente, com a criança ferida em mim e que eu possa ser pai e mãe para as pessoas que confiaste a mim.

Na mão de Deus

Deus, Tu me criaste, eu te agradeço que me fizeste tão maravilhoso.
Eu alegro-me com o meu corpo, com o meu espírito que sempre tem ideias novas, e com os dons que me destinaste.
Tu criaste a natureza, cuja beleza eu posso admirar.
Muitas vezes, não me canso de olhar quando passo por uma bela paisagem, ou quando vejo uma flor.
Tu és o Criador, cuja mão me formou e, continua me formando dia após dia.
Na tua boa mão, sei que estou seguro e protegido.
Tu sempre estendes a tua mão protetora sobre mim. Tua mão mostra-me o caminho, quando não sei mais como seguir em frente.
Eu sei que Tu sempre estás comigo. Mesmo que eu esteja longe de ti, posso retornar a ti e Tu me recebes em teus braços misericordiosos.
Mesmo que, às vezes vá por desvios e descaminhos, Tu sempre manténs abertos os teus braços, para que neles eu possa me abrigar.
Eu agradeço-te, Criador da minha vida, Tu que me criaste e formaste. Com os salmistas eu posso rezar: "Graças te dou pela maneira espantosa como fui feito tão maravilhosamente. Maravilhosas são as tuas obras; sim, eu bem o reconheço" (Sl 139,14).

Oração para Jesus

Jesus, Tu és o meu Irmão que me acompanha em meus caminhos.
Às vezes, Deus está tão longe para mim e eu nem posso imaginá-lo. Então, tento visualizar a tua imagem, como Tu foste de encontro aos homens, como Tu os curaste e os consolaste quando estavam sem esperança.
Eu sinto a tua misericórdia. A ninguém Tu condenas.
A cada um Tu dás uma chance, sempre de novo, mesmo que ele não tenha se dedicado a ti por muito tempo.
Eu sinto a força que está em ti. Tu não tens medo de enfrentar as pessoas, quando elas se escondem atrás de sua fachada piedosa. Ninguém consegue passar facilmente por ti.
Concede-me um pouco da tua força, da tua retidão, da tua clareza, mas também do teu amor e bondade, da tua confiança e da tua esperança. Então, conseguirei fazer dar certo a minha vida. Então, não mais permitirei ser levado, pelos outros, numa direção que nem é de meu agrado.
Jesus, fica comigo hoje, para que, através de ti, eu também seja inteiramente eu mesmo, em contato

comigo e com o meu verdadeiro ser, não permitindo ser dobrado pelos outros.
Isto eu te peço, Jesus Cristo, meu irmão, meu Senhor.

Jesus, Pão da Vida

Jesus, Tu disseste coisas maravilhosas, para mostrar-me quem Tu és para mim.
Tu disseste que és o Pão da Vida, o verdadeiro pão, que desceu do céu.
Tu és como o pão, que me dá força para o caminho, que me fortalece quando me sinto sem força.
Tu sacias a minha fome por vida, por amor.
Quando eu te sinto, então não preciso saturar a minha fome com comida, então posso saborear aquilo que eu como.
Tu te comparaste ao pão que Deus deu ao povo de Israel no deserto. Às vezes, quando eu me sinto como no deserto, abandonado, incompreendido pelos meus pais, pelos meus amigos, então Tu és como o pão que me alimenta.
Quando Tu estás comigo, não me sinto mais solitário.
Eu sinto que sou compreendido por ti. Por isto eu te agradeço, Tu, Pão da Vida.

Jesus, o Bom Pastor

Jesus, Tu disseste uma palavra maravilhosa sobre ti: "Eu sou o Bom Pastor. O Bom Pastor dá a vida por suas ovelhas" (Jo 10,11).

Tu me segues, quando me perdi de mim mesmo, ou se me perdi em algum lugar. Tu não me repreendes, simplesmente me pões sobre teus ombros amorosos e me levas para onde eu possa viver novamente.

Tu me conheces e Tu cuidas de mim.

Tu empenhas a tua vida por mim. Eu sou tão importante para ti, que Tu entregas a tua vida por mim.

Às vezes, quando eu mesmo não posso aceitar-me, quando me sinto tão sem valor, então a imagem do Bom Pastor me faz bem. Eu imagino como Tu me carregas em teus ombros. E, então eu sei: minha vida dará certo.

Eu não preciso mais culpar-me por aquilo que foi. Agora vai ficar bem. Agora Tu estás comigo.

Quando Tu estás comigo, eu encontro a pastagem que me alimenta e onde encontro paz. Tu és o bom pastor que me presenteia com a vida, na verdade, com vida na plenitude. Faze-me sentir, hoje, esta vida na plenitude.

Jesus, a porta para a vida

Jesus, muitas vezes, não tenho mais acesso a mim
  mesmo. Eu me sinto como desconectado de mim.
Simplesmente estou levando a vida, mas eu não
  me sinto. Então, também não posso alcançar
  os outros. Eu falo com eles, mas não entro em
  contato com eles.
Tu disseste sobre ti: "Eu sou a porta".
Dá-me a chave, para que a porta do meu coração se
  abra, para que eu possa entrar no meu interior e te
  descubra em mim, como o núcleo mais profundo.
Peço que Tu sejas a porta, para que eu encontre
  acesso às pessoas com que vivo e trabalho, a fim de
  compreendê-los e poder ajudá-los a se encontrarem
  a si mesmos.
Às vezes, tenho a impressão de que todas as portas,
  para um futuro melhor, estão fechadas para mim.
Tanto profissional como pessoalmente estou
  marcando passo.
Abre-me a porta, para que eu possa entrar em
  novas áreas da minha vida, para que se abra uma
  perspectiva que dê sentido à minha vida.

Mostra-me em tudo que me comove, que Tu estás comigo, que Tu és a porta através da qual posso passar, para entrar no espaço em que posso encontrar a mim, a minha alegria e a vida.

Oração pelo Espírito Santo

Espírito Santo, quando os discípulos se trancaram por medo dos judeus, então Tu entraste no meio deles, como uma ventania, e os dispersaste de seu canto. E, de repente, eles tiveram coragem para dar testemunho de Jesus e de sua Ressurreição.

Eu conheço este temor dos discípulos. Muitas vezes eu não tenho coragem de dizer o que penso realmente, por medo de que os outros possam achar isto estranho. Eu me sinto como bloqueado, porque tenho receio do que os outros poderiam pensar de mim.

Então, eu preciso de ti, Espírito Santo, para que eu não fique preso aos pensamentos dos outros. Para estar em contato com o meu coração e dizer aquilo que lá se forma em palavras.

Muitas vezes, também tenho medo de falar sobre a minha fé. Eu tenho medo de ser magoado ou ridicularizado.

Espírito Santo, dá-me coragem, para, diante dos outros, responder por mim e a minha fé. Mostra-me, também, onde é adequado declarar-me como cristão e onde é melhor não fazê-lo, porque, de qualquer modo, os outros não compreenderiam.

Espírito Santo, dá-me a intuição para aquilo que está correto, a fim de que eu viva corretamente, para que eu fale o que está em mim. Faze fluir, de mim, as palavras que abram, também, o coração dos outros, para que possa haver um verdadeiro diálogo.

O Espírito Santo como brasa do amor

Espírito Santo, Tu apareceste aos discípulos em labaredas de fogo. Tu és o fogo que nos aquece, que nos torna vivos. Às vezes, eu me sinto apagado e vazio. Eu tenho a impressão de que, em mim, nada mais arde.

O entusiasmo dissipou-se. Tudo em mim está frio e cinzento como as cinzas. Então, eu anseio pelo fogo que já senti muitas vezes.

Quando Tu estás em mim como fogo, então centelhas faíscam em mim. Então, subitamente, tenho ideias. Então eu contagio outros também. Então, está quente em mim e, em torno de mim, forma-se calor.

Espírito Santo, peço que sejas o ardor em mim, que também aquece os outros. Que sejas, em mim, o fogo que lança centelhas e que desperta vida também nos outros.

Espírito Santo, Tu estás em mim, mesmo que eu não te sinta.

Assim, quero imaginar agora que Tu estás em mim como uma brasa, aquecendo o meu interior.

De vez em quando, tenho que fechar a porta do meu fogão, para que a brasa não se apague, mas que ela me aqueça.

Então, talvez, outros virão também para sentar-se junto ao meu fogão e aquecer-se nele. Nesses momentos eu estou cheio de gratidão.

Espírito Santo, permite que eu possa sentir-te como a brasa que nos une no íntimo e que promove união.

ORAÇÕES
DE
BÊNÇÃO

Bênção de manhã

Misericordioso e bom Deus, abençoa este dia.
Tu me presenteaste com ele, para que eu o viva como
   um tempo sagrado – como um tempo em que, Tu
   mesmo, estás comigo.
Abençoa tudo aquilo que eu assumir hoje. Permite que
   eu seja bem-sucedido em meu trabalho.
Abençoa as conversas que eu conduzir. Abençoa os
   encontros, para que eu possa ver reluzir o teu rosto,
   em cada pessoa.
Abençoa as pessoas que me são caras. Não as deixe sós
   em seu caminho.
Acompanha-as e envia os teus santos anjos, para
   que estes as acompanhem em seus caminhos e as
   protejam.
Abençoa este dia, para que eu o viva na percepção da
   tua presença curadora e amorosa.
E, abençoa a mim, para que eu mesmo possa tornar-me
   fonte de bênção para as pessoas que, hoje, eu encontrar.

Bênção à mesa

Bom Deus, agradecemos-te por esta refeição com que
 nos presenteaste.
Tu puseste uma mesa farta, com boas dádivas, em que
 podemos experimentar a tua bondade e gentileza.
Permite que saboreemos as tuas dádivas com alegria.
Abençoa a nossa comunidade à mesa, para que te
 vivenciemos, em nosso meio, como o Deus do amor.
Abençoa as nossas conversas, para que elas nos
 aproximem e nos permitam compreender-nos.
Fortalece-nos através desta refeição e permite que
 participemos de tua eterna ceia, em que podemos
 apreciar-te para sempre, como a plenitude da vida.
Isto te pedimos, por Cristo, nosso Senhor.

Bênção à noite

Senhor, abençoa esta noite, para que ela seja um tempo sagrado para mim, um tempo em que, Tu mesmo, falas comigo em sonho.

Abençoa o meu sono, para que eu possa restabelecer-me e levantar amanhã com nova força para realizar aquilo para o que Tu me chamaste.

Abençoa-me nesta noite, para que eu seja protegido e amparado em tuas mãos boas e suaves. Livra-me de doença e morte. Envia os teus santos anjos, para que me guardem em paz.

E, abençoa também todos os que choram esta noite, porque estão tristes.

Abençoa aqueles que não conseguem dormir.

Mostra-lhes que estendes a tua mão bondosa sobre eles.

Abençoa a mim e todos que me são caros, o bondoso e misericordioso Deus, o Pai, o Filho e o Espírito Santo.

Oração de bênção

Misericordioso e bom Deus, Tu és a fonte de toda bênção.
Eu te peço, abençoa-me e todas as pessoas que me são caras.
Estende a tua mão protetora sobre os homens.
Abençoa o trabalho das minhas mãos, para que a minha obra se torne bênção para os homens.
Abençoa este dia, para que tudo o que eu fizer, seja bem-sucedido.
Abençoa as conversas que conduzirei hoje, para que eu possa intuir aquilo que os outros realmente necessitam.
Abençoa os encontros, com que me presenteias hoje, a fim de que eles se tornem bênção para mim e para aqueles que encontro.
Abençoa todas as pessoas que não se sentem amadas.
Envia-lhes a tua bênção como amor.
Envia a tua bênção como esperança para os desesperançados e aflitos, como vivacidade aos inertes, como luz àqueles em cujos corações escureceu.
Abençoa as pessoas que estão doentes e sofrem com elas mesmas, para que possam sentir nova esperança.

Abençoa os moribundos, para, em sua morte
abençoarem o transitório, tornando-se, assim, bênção
para os que ainda estão no tempo.

Abençoa todos nós, para que sejamos bênção uns para os
outros.

Impregna o mundo todo com a tua bênção, para que
possamos vivenciar o mundo como bênção.

Impregna todas as pessoas, que me são próximas,
com a tua bênção. Permite que, em tudo, possamos
vivenciar a tua bênção hoje – no silêncio, na oração,
nos encontros, nas conversas, no trabalho e em tudo
que vivemos.

Assim, abençoa-nos e todos os que nos são próximos,
o bondoso e misericordioso Deus, o Pai, o Filho e o
Espírito Santo.

Bênção dos pais para os seus filhos

Bom Deus, abençoa hoje os meus filhos.
Estende a tua mão protetora sobre eles, para que eles sigam os seus caminhos sob tua bênção.
Protege-os de tudo aquilo que quer afastá-los do bom caminho.
Abençoa-os, para que sigam o seu caminho com confiança.
E, abençoa-os para que reconheçam, claramente, qual é o seu caminho para a vida e a verdade.
Abençoa-os para que saibam que a tua bênção os envolve hoje, sempre e em todo lugar e que eles se sintam abençoados – como pessoas únicas e valiosas, que serão bênção para elas mesmas e o outros.
Abençoa os meus filhos, para que não se deixem desencorajar por decepções e que não resignem, quando algo acontecer de forma diferente do que imaginaram.
Dá-lhes a força para enfrentar a vida com os seus desafios para, assim, crescerem interiormente e ficarem mais fortes.
Acompanha-os com a tua bênção para onde não posso acompanhá-los.
Eu envio-lhes o meu amor e minha afeição.

Mas eu não sei se podem sentir os meus bons pensamentos.

Eu confio na tua bênção, que os acompanha e protege em seus caminhos, para que eles se aproximem, cada vez mais, da imagem que deles fizeste.

Bênção para o marido

Bom Deus, abençoa hoje o meu marido, para que, em tudo que ele fizer, ele seja bem-sucedido.

Abençoa-o, para que ele encontre a sua medida e não deixe que ele seja, constantemente, sobrecarregado pelas pessoas de seu meio.

Abençoa-o para que ele fique em harmonia consigo e não seja influenciado pela opinião dos outros.

Abençoa-o em suas reflexões. Muitas vezes, eu não sei o que ele pensa e o que ele sente. Muitas vezes, ele é tão fechado. Mas eu confio na tua bênção, que ela o faça entrar em contato com o cerne bom nele.

Abençoa o meu marido e abençoa o amor que ele tem por mim, mas que nem sempre eu sinto.

Permeia o seu amor com o teu amor divino, para que ele seja renovado e se torne vivo, para que ele possa fluir novamente entre nós, unindo-nos.

Assim, abençoa o meu marido, para que o dia de hoje seja um dia abençoado para ele e que a tua bênção possa nos unir.

Bênção para a esposa

Misericordioso e bom Deus, abençoa a minha esposa.
Nem sempre correspondo a ela e às suas necessidades.
E, às vezes, também não entendo o que se passa em
  seu coração.
Abençoa-a, para que tudo que a perturba se clarifique,
  para que ela se torne totalmente ela mesma,
  independente da opinião dos outros que, muitas
  vezes, lhe é tão importante.
Abençoa a minha esposa e cura as feridas que ela leva
  consigo.
Envolve-a com a tua bênção, para que as suas
  preocupações com os nossos filhos e com o nosso
  futuro se dissolvam e que ela possa seguir o seu
  caminho confiante.
Abençoa-a e tudo o que ela faz.
Eu te agradeço que Tu a colocaste ao meu lado.
Faze com que eu seja sempre grato por ela e o seu amor
  e dá-me a atenção necessária, para nunca deixar de
  perceber o que ela representa para mim e para as
  crianças.
Assim, abençoa a nossa união, a fim de nos completarmos
  e ampararmos mutuamente e que o nosso amor se
  torne cada vez mais profundo.

Bênção para uma pessoa querida

Misericordioso e bom Deus, abençoa a minha irmã, o meu irmão (o meu filho, a minha filha, o meu amigo, a minha amiga, meu marido, minha mulher).
Estende a tua mão protetora sobre ela(e) e concede que ela(e) sinta em todo lugar a tua presença amorosa. Permeia-a(o) com o teu Espírito Santo.
Deixa o teu Espírito curador entrar nos abismos de sua alma. Cura as suas feridas.
Vivifica aquilo que nela(e) se tornou inerte.
Fertiliza o que nela(e) secou.
Coloca-a(o) em contato com a fonte da bênção que nela(e) borbulha. Faze com que, assim como ela(e) é, se torne uma bênção para as pessoas que ela(e) encontrar.
Dá-lhe a confiança de que Tu abençoas os seus caminhos.
Segue com ela(e) o seu caminho, para que este caminho conduza a uma vivacidade, alegria e amor cada vez maior.

Bênção para ti

O misericordioso e bom Deus te abençoe.
Ele te envolva com a sua presença amorosa e curadora.
Ele esteja contigo, quando levantas e quando te deitas.
Ele esteja contigo, quando tu deixas a casa e quando tu retornas.
Ele esteja contigo, quando tu trabalhas.
Ele permita que a tua obra seja bem-sucedida.
Ele esteja contigo em todo encontro e abra os teus olhos para o mistério que resplandece em todo rosto humano.
Ele te proteja em todos os teus caminhos.
Ele te ampare, quando ficas fraco.
Ele te console, quando te sentes só.
Ele te levante, quando tiveres caído.
Ele te preencha com o seu amor, com a sua bondade e suavidade.
Ele te dê paz interior.
Isto te conceda o bom Deus: o Pai, o Filho e o Espírito Santo.

Bênção aaronítica

Nm 6,24-26

O Senhor te abençoe
 e te guarde.
O Senhor faça brilhar
 sobre ti sua face
 e se compadeça de ti.
O Senhor volte para ti sua face
 e te dê a paz.

Índice

Sumário, 5

Introdução – Orai sem cessar!, 7

Orar com Salmos, 9

Feliz aquele que não anda em companhia dos ímpios, 11
Sl 1

Responde-me quando chamo, 12
Sl 4

O Senhor é o meu pastor; nada me falta, 13
Sl 23

Só em Deus minha alma está tranquila, 14
Sl 62

Ó Deus, Tu és meu Deus; a ti procuro, 16
Sl 63

Na verdade, Deus é bom para Israel, 18
Sl 73

Como são amáveis tuas moradas, 21
Sl 84

Aquele que habita sob a proteção do Altíssimo, 23
Sl 91

Darei graças ao Senhor, de todo coração, 25
Sl 111

Louvai, servos do Senhor, 27
Sl 113

Levanto os olhos para os montes, 28
Sl 121

Se o Senhor não estivesse do nosso lado, 29
Sl 124

Quando o Senhor mudou a sorte de Sião, 30
Sl 126

Orações em louvor a Deus, 31

Bendito sejas Tu, Senhor Deus dos nossos pais, 33
Dn 3,52-56

Minha alma engrandece o Senhor, 34
Lc 1,46-55

Bendito seja o Senhor, Deus de Israel, 35
Lc 1,68-79

Agora Senhor, já podes deixar teu servo ir em paz, 37
Lc 2,29-32

Vamos cantar a meu Deus, 38
Jt 16,1-15

Louvado sejas, ó Senhor, 41
1Cr 29,10-13

Orações de grandes pessoas, 43

Oremos ao Senhor, 45
João Crisóstomo

Senhor, primeiro transforma a minha espiga em pão, 46
Isaac de Antioquia

Tem piedade de mim, 47
Macário o Egípcio

Como uma aurora reluzente, 48
Metódio

O caminho de Deus eu quero seguir, 49
Patrick

Ilumina os nossos corações, 50
   Alkuin

Doa também o restante, 51
   Anselmo de Cantuária

Riquíssima fonte de todas as misericórdias, 52
   Anselmo de Cantuária

Sob a proteção de tuas asas, 53
   Anselmo de Cantuária

Chamo-te para a minha alma, 54
   Anselmo de Cantuária

Almejo ver o teu rosto, ó Senhor, 55
   Anselmo de Cantuária

Senhor, ensina-me a procurar-te, 56
   Anselmo de Cantuária

Permita que eu possa reconhecer-te e alegrar-me em ti, 57
   Anselmo de Cantuária

Sejas saudado, amado Jesus, 59
   Bernardo de Claraval

Vem, Espírito Santo, 60
   Bernardo de Claraval

Meu Deus, meu Salvador, eu quero amar, 61
   Bernardo de Claraval

Tu permites que te procurem, 62
   Bernardo de Claraval

A árvore da vida plantaste em mim, 63
   Hildegard von Bingen

Eu louvo e elogio a tua inescrutável sabedoria, 64
   Mechthild von Hackeborn

Deixa-me descansar em paz, em ti, 65
   Gertrude a Grande

Meu Deus, te amo tanto, 66
   Gertrude a Grande

Tem piedade de meus filhos, 67
Oração de uma mãe de Jerusalém

Tu nos criaste para cumprirmos a tua vontade, 68
Rabbi Tanchum Bar Scholastika

Transforma-nos em pessoas vivas, 69
Serapião de Thmuis

Anunciando a onipotência do Pai, 70
Synesius de Cyrene

Deixa este coração amar-te, 71
Rabanus Maurus

Oração de Wessobrunn, 72
Composta em torno de 800 no Mosteiro de Wessobrunn

Senhor de minhas horas e de meus anos, 73
Martinho Lutero

Orações para todo o dia, 75

Agradeço-te por esta manhã, 77

Oração da manhã, 79
Da Etiópia

Liberta-nos da escuridão, 80
Hino do Antifonário Beneditino

Na viagem para o trabalho, 81

Oração antes do trabalho, 82

Como devo responder à mensagem? – No trabalho, 83

Eu estou em meio ao trabalho, 84

No intervalo, 85

Oração ao meio-dia, 86

Junto a ti, deixa-nos repousar, 87
Hino do Antifonário Beneditino

Faze com que eu ande mais devagar, 88
Da África

Oração para o tempo livre, 89
Eu te agradeço pelo dia que passou, 90
Nesta noite Tu me amparas, 91
Cuida de nossa alma e corpo, 92
  Hino do Antifonário Beneditino
Oração à noite, 93
Oração antes de dormir, 94
Com insônia, 95

Orar em família e com crianças, 97
De manhã, 99
Faze com que hoje eu te escute, 100
Antes da refeição, 101
À noite, 102
Antes de uma excursão, 103
Bênção no aniversário, 104
Bênção no dia do onomástico, 105
Na escolinha, 106
No início das aulas, 107
Numa viagem da escola, 108
Na escola, 109
No primeiro dia de aula após as férias, 110
Antes de provas, 111
Por coragem e força, 112

Alegria e sofrimento – Orações em situações especiais, 113
Oração na tristeza, 115
Oração no medo, 116

Agradeço por tudo com que me agraciaste, 118

Oração por confiança, 119

Agradeço-te por todo instante, 121

Oração por consolo, 122

Dá-me coragem para a vida e para lutar por meu futuro, 123

Oração por força, 124

Oração por serenidade, 125

Por conselho e compreensão, 126

Com dúvidas, 127

Na solidão, 128

Antes de uma meditação, 129

Oração da sabedoria, 130
　Eclo 14,20–15,6

Oração por amor, 132

Oração por amizade, 133

Oração pela libertação do ego, 134

Oração pela autoaceitação, 136

Pela coragem de ser mais indulgente comigo, 137

Com sentimentos de culpa, 138

Eu te apresento o meu coração, 139

Oração no sofrimento, 140

Escuta-me para que a minha dor se amenize, 141

Oração na doença, 142

Deixe fluir o teu Espírito curador em minhas feridas, 143

Oração no aborrecimento, 144

Oração no ciúme, 145

Oração na inveja, 146

Oração na resignação, 147

Orações na meditação cotidiana, 149

   Habita em mim, 151

   Abre-me, 152

   Expressa a tua palavra de amor e aprovação, 153

   Para vivenciar Deus no íntimo do meu coração, 154

   Agradeço-te por ser teu filho, 155

   Tu nos presenteias com o teu Espírito Santo, 156

   Peço-te atenção e paciência, 157

   Tu me deste uma nova vida, 158

   Permite que eu sinta em mim a tua presença santificante, 159

   Faze com que eu me torne permeável ao teu amor, 160

   Agradeço por me preencheres completamente com teu amor, 161

   Fazei-me instrumento da vossa paz, Atribuída a São Francisco de Assis, 162

Orações em diversos locais, 163

   Estar diante de Deus, 165

   Na natureza, 166

   Em viagem, 167

   Na caminhada, 168

   Em peregrinação, 169

   Junto a um altarzinho ou crucifixo à beira do caminho, 171

   Numa ponte, 172

   Numa porta, 173

   Num labirinto, 174

   Numa igreja, 175

   No hospital, 176

No asilo de idosos, 177
No abrigo para doentes terminais, 178
No cemitério, 179

Orações no ciclo do ano, 181
Advento, 183
São Nicolau, 185
Santa Bárbara, 186
Antes do Natal, 187
Natal, 189
Nosso Deus, o Salvador, chegou, 191
Na passagem do ano, 192
Ano Novo, 193
Epifania (Dia de Reis), 194
Carnaval, 196
Quarta-feira de Cinzas, 197
Quaresma, 199
Domingo de Ramos, 200
Semana Santa, 201
Sexta-feira Santa, 202
Páscoa, 204
O Senhor ressuscitou, 205
Domingo *in albis*, 206
Outono, 208
Dia das Mães, 210
Ascensão do Senhor, 212
Pentecostes, 214

Tempo de férias, 216
Primavera, 217
São Francisco, 218
Todos os Santos, 219
São Martinho, 221

Orar com São Bento de Núrsia, 223
Quero cantar-te louvor com os anjos, 225
Cantai os Salmos sabiamente, 226
A pureza do coração, 227
Tu és abençoado com o espírito dos pais, 228
    Hino do Antifonário Beneditino

Orar ao Deus Trino, 229
Deus, meu Pai e minha Mãe, 231
Na mão de Deus, 232
Oração para Jesus, 233
Jesus, Pão da Vida, 235
Jesus, o Bom Pastor, 236
Jesus, a porta para a vida, 237
Oração pelo Espírito Santo, 239
O Espírito Santo como brasa do amor, 241

Orações de bênção, 243
Bênção de manhã, 245
Bênção à mesa, 246
Bênção à noite, 247
Oração de bênção, 248

Bênção dos pais para os seus filhos, 250
Bênção para o marido, 252
Bênção para a esposa, 253
Bênção para uma pessoa querida, 254
Bênção para ti, 255
Bênção aaronítica, 256
   Nm 6,24-26

CATEQUÉTICO PASTORAL

Catequese – Pastoral
Ensino religioso

CULTURAL

Administração – Antropologia – Biografias
Comunicação – Dinâmicas e Jogos
Ecologia e Meio Ambiente – Educação e Pedagogia
Filosofia – História – Letras e Literatura
Obras de referência – Política – Psicologia
Saúde e Nutrição – Serviço Social e Trabalho
Sociologia

TEOLÓGICO ESPIRITUAL

Biografias – Devocionários – Espiritualidade e Mística
Espiritualidade Mariana – Franciscanismo
Autoconhecimento – Liturgia – Obras de referência
Sagrada Escritura e Livros Apócrifos – Teologia

REVISTAS

Concilium – Estudos Bíblicos
Grande Sinal
REB – SEDOC

VOZES NOBILIS

Uma linha editorial especial, com importantes autores, alto valor agregado e qualidade superior.

PRODUTOS SAZONAIS

Folhinha do Sagrado Coração de Jesus
Calendário de mesa do Sagrado Coração de Jesus
Agenda do Sagrado Coração de Jesus
Almanaque Santo Antônio – Agendinha
Diário Vozes – Meditações para o dia a dia
Encontro diário com Deus – Guia Litúrgico

VOZES DE BOLSO

Obras clássicas de Ciências Humanas em formato de bolso.

CADASTRE-SE
www.vozes.com.br

EDITORA VOZES LTDA.
Rua Frei Luís, 100 – Centro – Cep 25689-900 – Petrópolis, RJ
Tel.: (24) 2233-9000 – Fax: (24) 2231-4676 – E-mail: vendas@vozes.com.br

UNIDADES NO BRASIL: Belo Horizonte, MG – Brasília, DF – Campinas, SP – Cuiabá, MT
Curitiba, PR – Florianópolis, SC – Fortaleza, CE – Goiânia, GO – Juiz de Fora, MG
Manaus, AM – Petrópolis, RJ – Porto Alegre, RS – Recife, PE – Rio de Janeiro, RJ
Salvador, BA – São Paulo, SP